旅游危机管理

张跃西◎编著

中国旅游出版社

内容提要

旅游危机问题是现代旅游业面临的十分突出的问题，也是旅游理论研究和业界十分关注的重要课题，目前我国这方面的成果比较欠缺。本书内容包括旅游危机管理研究综述、旅游危机管理模型分析、旅游景区（目的地）企业危机管理等八大部分，旅游危机管理体系比较完整，典型案例丰富，且充分反映了旅游危机管理最新理论与应用的研究成果，其中不乏针对我国旅游危机管理突出问题的真知灼见。本书可作为大学旅游管理相关专业的教材和政府及企事业旅游管理干部的培训用书，也可作为从事旅游危机管理研究的参考书。

目录

CONTENTS

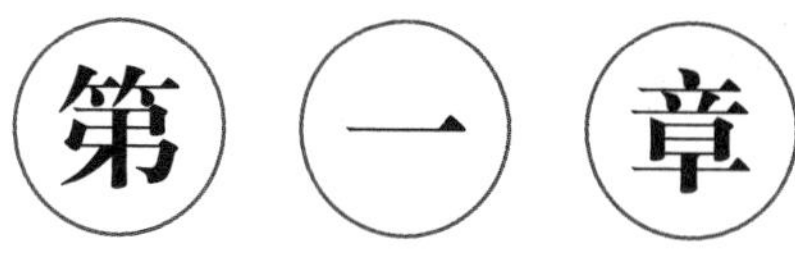

第一章 旅游危机管理研究综述

危机是一个永恒的话题，它与人类社会相伴而生。尤其是在当前政治经济一体化、信息传播加快的背景下，危机传播速度大大提升。社会经济和科学技术发展到今天，政府与企业的管理层面都面临着更多不确定性因素，这种不确定性因素导致危机事件的发生概率大大提高，从而加大了管理层面处理危机事件的难度。因此，如何加强危机管理研究成为政府、企业界和学术界共同关注的热点领域之一。

我国旅游业经过多年的发展，已经成为国民经济发展的支柱产业，在创造价值、增加外汇、提供就业、构建和谐社会等方面发挥着巨大作用。据有关报道，我国已经成为全球第四大入境旅游接待国和亚洲第一大出境旅游客源国。广义的旅游产业包括饭店业、交通运输业、旅游景区、娱乐购物等，所以旅游业具有高度综合性和紧密关联性的特点，同时这也决定了其脆弱性和敏感性的弱点，从而导致旅游危机的出现，其中以经济危机、战争、自然灾害等天灾人祸对旅游业影响尤为明显。未来，危机危害的不确定性将考验世界旅游业的可持续发展能力。面对旅游危机，旅游业必须培养抵御危机风险的意识和能力，任何回避或被动接受的态度都已不能适应今天充满风险的社会大环境，旅游危机管理已逐渐成为旅游业日常管理活动中的重要课题。

第一节　国外旅游危机管理研究进展

旅游危机的研究最早开始于国外，可以追溯到20世纪70年代。1974年，在当时世界旅游业（尤其是发达国家）遭受世界范围内的能源危机冲击的情况下，为扭转这种不利局面，旅游研究协会开始关注危机并将该年的年度会议主题定位为“旅游研究在危机年代中的贡献”。在这次会议上，旅游研究者们对旅游业在灾难和危机时刻的脆弱性进行了探讨，这是在旅游危机研究领域内做出的首次共同努力。虽然这次会议仅描述性地探讨和汇报了旅游危机的影响，但其具有里程碑式的意义——在旅游学术研究和实践中引入了有关危机的重要议题。接下来的30多年中，在各种旅游危机事件的刺激和推动下，旅游界的专家学者在旅游危机研究各方面展开了逐步深入的研究并取得了相应的成果。从搜集到的文献资料来分析总结，国外对旅游危机的研究主要是特定旅游危机事件的案例分析和危机管理的研究。

关于这方面的研究可以概括为以下几类：

一、旅游与自然灾害、交通事故、公共卫生事件

在由于自然灾害而引起的旅游危机中，有大量特定案例的研究，如澳大利亚Faulkner等对Katherine洪水的研究（2001）；Huang J. H.和Min J. C.（2002）对中国台湾地震的研究以及众多专家学者对2004年印度洋海啸的研究等。除此之外，在研究的综合成果方面，主要有降低灾害影响的工作手册（WTO，1998）、危机发生后对应对危机采取措施的评估（Huang J. H.和Min J. C.，2002），危机爆发后旅游目的地和旅游企业的营销组合策略（Durocher，1994；Pottorff S. M.，和Neal D. M.，1994），另外，还有关于交通事故对旅游业的影响，一般性的事故或者航空事故的研究。

随着世界范围内各国之间沟通的加强，人员流动的频繁，疾病传播影响的范围也越来越广，公共卫生领域的危机研究也受到越来越多的关注，这方面的研究多是从特定的危机事件对旅游业的影响切入，如艾滋病危机、国际旅游与公众健康事件和口蹄疫危机等。

二、旅游与恐怖主义

从20世纪80年代开始，旅游界的专家学者就开始注意到由恐怖主义和政治动乱引发的旅游危机。Richter（1986）是最早进行这方面研究的学者之一，他认为恐怖主义倾向于袭击旅游者，因为他认为旅游者往往被当作代表其母国的“外交大使”，袭击旅游者能够得到多国的关注和广泛的媒体报道，能够实现恐怖主义者世界性攻击目标的目的，给当地社会带来混乱，经济遭受重创。Wall（1996）分析了旅游业容易成为恐怖袭击目标的原因，如引起媒体关注、破坏当地经济等，并通过数据比较了北爱尔兰和爱尔兰作为家庭出游目的地和休闲度假目的地会遭受不同程度的旅游攻击，得出休闲度假型旅游目的地更容易受到攻击，造成更大的影响。Sonmez（1998）通过对1980—1998年36篇相关文献的分析，探讨了旅游、恐怖活动和政治动荡之间的关系，主要研究了恐怖主义和政治动荡对游客需求的影响、恐怖分子袭击游客的动机、依靠旅游作为政治手段影响目的地的形象、危机管理、危机后的营销对策和恢复效果等。

虽然恐怖事件在20世纪80年代末90年代初有所下降，但在90年代后期，这个领域又得到了世界范围内的关注。1995年，在瑞典大学的牵头下，第一届旅游业安全与风险研究大会在瑞典召开，共有20多个国家的代表出席了此次会议，其中包括旅游研究者，旅游业界代表、国际组织以及媒体记者。这次会议主要讨论了促进全球旅游业相关风险研究的紧急必要性、在保障旅游者旅游安全过程中媒体能够起到的重要作用、游客和目的地居民建设共同相关的安全网络的必要性等问题，这次会议使人们深刻认识到了旅游风险管理的必要性，并建议成立旅行安全和风险的资料与研究中心。在接下来的第二年（1996）年夏天，接连不断发生的恐怖事件，更是加深了人们对该方面研究的紧迫感。1997年萨格勒布旅游业研究协会和克罗地亚萨格勒布大学的经济系主持召开了题为“战争、恐怖主义、危机、旅游业：危机与复苏时期”大会。这次大会为旅游业和旅游界学者提供了一个平台，使人们对由恐怖主义、政治斗争和犯罪活动引起的旅游业危机复苏策略进行了广泛的交流和探讨。1998年以后，研究的侧重点倾向于面临恐怖危机事件旅游业所遭受的影响以及如何处理和防范的各种措施、技术经验的分析和应对危机策略的评估。Goodrich J. N.（2002）通过“9·11”事件，描述了恐怖主义对美国旅行和旅游业的即时影响。Blake A. 和 Sinclair T. M.（2002）通过建立量化的一般均衡模式，对“9·11”事件对旅游业所造成的影响进行分析发现，危机后具体的目标津贴金和减免税收是旅游与危机管理的最有效手段。Frisby E.（2002）分析了口蹄疫和“9·11”事件对英国旅游业的影响。Staffort G.，Yu I.，和 Kobina Armoo A.（2002）通过“9·11”事件对华盛顿酒店业的影响，举例说明酒店业面对突如其来的危机事件怎样和其他部门通力合作制定出相应的恢复措施，并以此次危机事件作为经验教训，作为以后其他地区酒店业危机预防和应对策略的参考依据。Fainstein S. S.（2002）通过分析“9·11”事件一年后去纽约旅游者数量的变化，总结“9·11”事件和恐怖主义活动对旅游业的影响。World Bank（2003）通过对巴厘岛惨案对旅游业造成影响和应对措施的调查，探讨了巴厘岛旅游业的敏感性。

三、旅游与战争、政治动乱

Mansfeld（1996）从国际旅游者流向的角度出发，分析了阿以冲突对国际旅游者的影响，并得出研究结论：战争对各国的影响程度是不同的，那些对战争采取积极参与态度的国家，没有过多涉及战事的国家旅游业所受到的影响更小，旅游人数没有表现出明显的下滑。Smith V. L.（1998）分析了从“第一次世界大战”以来美国旅游业的发展和“第二次世界大战”对大众旅游产品的影响，研究得出：战争刺激了奖励型、情感型、军事型和政治型的旅游活动，和战争有关的旅游资源成为最受欢迎的旅游吸引物类型。Henderson（2002）针对越南战争研究了战争旅游资源对旅游者的吸引力。

在旅游与政治动乱研究方面，Pitts（1996）针对墨西哥契亚帕斯地区暴乱对当地旅游业的消极影响进行了分析研究，得出虽然暴乱严重导致入境游客数量的下降，但国内游客数量受影响较小，传统的文化旅游者被新型的战争旅游者所代替。但在一定时期内，旅游业还是受到了实在的打击，这就要求政府联合相关部门，积极防备类似事件的发生，培育当地作为旅游目的地的安全形象，提高旅游者的信心。Hall 和 Sullivan（1996）分析了克罗地亚和中国“八九风波”两个具体案例对当时旅游业的影响，提出建立危机管理措施的必要性。在政治风险方面，Porier R. A.（1997）分析了跨国公司在政治危机中的地位和作用、政治风险在跨国公司和欠发达国家之间关系的调整变化。

四、旅游与犯罪

关于旅游与犯罪之间的关系，早在 1975 年 Jud 就开始了研究，他收集了墨西哥 32 州的数据，发现相对于暴力犯罪，财产犯罪对旅游业的影响更大，而暴力犯罪的影响是辅助性的。De Albuquerque（1981）在对加勒比海旅游业的调查中发现，旅游人数的变化和当地财政开支和犯罪率的增减有着明显的关系，进而得出结论：类似旅游业这样较为现代化的活动的增加会导致目的地犯罪人数增加。 Mc Elroy 和 De Albuquerque（1982，1983）在后来的进一步研究中，试着去区分类似旅游这样的现代化活动对犯罪率的具体影响，虽然最后没有得出完美的结论，但在一定程度上验证了财产犯罪在旅游旺季增加，在淡季较少这样一种趋势。De Albuquerque 和 Mc Elroy(1999）总结了旅游和犯罪的文献资料，通过对加勒比海地区暴力和财产犯罪的记录发现：旅游者一般遭受的财产犯罪和抢劫较多，而针对当地居民的犯罪形式却是暴力犯罪较多，并对旅游危机防范措施，提出了建议。

五、旅游与经济、经济危机

随着经济全球化趋势的加强，一国或者一个地区的经济危机就会波及很多国家，对国际旅游将会产生很大影响。Crouch（1994）指出，经济危机发生时，对国际旅游的影响主要通过汇率的变动、国际旅游服务和商品的价格变化来影响人们做出旅游决策。澳大利亚昆士兰大学旅游学者 Bruce Prideaux 在 1998—1999 年发表了 4 篇文章，其中《亚洲经济危机的旅游业展望》，对经济危机与旅游业的关系进行了全面深入的分析和研究，对客观地评估这次经济危机对旅游业发展的影响做出了重大贡献。Raab 和 Schwer（2003）分析了亚洲金融危机对拉斯维加斯博彩业的响应。Sausmarez（2003）调查了金融危机对马来西亚旅游业的影响，通过总结危机后旅游相关部门采取的应对危机措施，提出了建立公共和私人危机预防基金的必要性。

第二节　国内旅游危机管理研究进展

由于旅游业发展水平的不同，我国对旅游危机管理的研究相对迟于国外。1998年以前，旅游危机基本没有得到国内旅游学者们的关注，与旅游危机相关的文献极少。截至2013年6月5日，以“旅游危机”为关键词，以2000—2013年发表日期为时间节点，在知网进行搜索，相关文献总计为525篇（见表1–1）。2003年之前，我国关于旅游危机管理的文章只有4篇，2003年之后，国人才正视旅游危机管理的重大意义。2003年是我国全面开展旅游危机管理的综合研究的转折年。这一年，SARS疫情暴发，我国国民经济发展一落千丈，旅游经济更是受到了致命的冲击。从这一年开始，我国有关旅游危机管理的研究范围也不断扩大，旅游危机管理理论更加丰富。综合近十几年来与此相关的文献（见表1–1），国内学者对旅游危机理论的研究主要分为三大类：

表1–1　国内旅游危机管理论文统计

年份	核心期刊	一般期刊	报纸	硕士论文	博士论文
2000—2002	0	4	0	0	0
2003—2007	24	66	22	3	1
2008—2010	55	156	38	22	10
2011—2013	22	64	9	25	5
总计	101	290	69	50	16

一是旅游危机管理的定性研究。这一研究方向主要侧重旅游危机管理的基础理论性研究，并在此基础上总结出一系列的政策与方案。李九全（2003）等通过分析危机事件给旅游产业带来的影响，提出在不同阶段不同主体所做出的不同决策；邓冰、吴必虎等（2004）基于对旅游危机管理的基本理论的分析，提出了我国对于旅游危机管理的研究新趋势；李锋（2009）从旅游目的地

危机管理为切入点，探讨了危机发生的不同阶段的差异性的危机管理，即不同管理主体的侧重点不同；黄蔚艳（2010）对海洋旅游危机事件的特征和成因进行分析，提出了应该把海洋旅游者纳入海洋旅游危机事件管理体系中；章小平等（2010）阐述了旅游景区危机的概念及影响，分析其成因与演变过程，提出了旅游景区危机管理的5R模型；王克岭（2010）在案例研究分析基础上，为旅游企业危机管理从技术、组织及文化教育等方面提出管理策略；杨丽娟（2012）对酒店危机管理的概念及重要性进行了分析，提出酒店危机前、中、后三个阶段所采取的不同措施；李宁等（2012）通过分析汶川地震给地方经济带来的间接的影响演进过程提出有为政府做出政策支持是灾后恢复的有力战略。

二是旅游危机管理的定量研究。这一研究方向侧重于对某一危机事件进行数据的搜集、整理和分析，利用计量经济学模型来检测这一事件给旅游业带来的影响。这一研究类别大量出现于2009年以后。20世纪90年代末，孙根年教授提出了本底线法，而后这一定量分析法得到了广泛应用。李锋（2009）利用这一方法对中国四次旅游危机事件的影响进行了分析，提出具体的旅游危机连同其表现出的对旅游业的影响机制各不相同；孙根年等（2007）还基于本底趋势线理论分别对2008年雪灾、汶川地震等自然灾害对旅游业的影响进行了分析，对于人们正确看待大自然界的不可抗力对旅游业的伤害及其机理分析提供了新的认识。此外，孙根年运用本底趋势线模型就2008年发生的五大事件从我国的入境游的角度进行了解读，得出的结论是五大事件对我国入境游造成了巨大的冲击，使得国外游客不再青睐中国的旅游产品，使得我国旅游业的入境游严重受挫。这同时也说明不同的事件对入境旅游影响存在不同程度的差异，为我们分析不同类型的旅游危机如何对旅游业产生影响提供了精准的数据分析依据。这一研究分支上还有其他一些定量分析法，比如刘选林、赵红（2012）运用模糊数学模型确定了新疆社会安全评价体系，构建危机预警模型。邹永广、郑向敏（2014）运用多元线性回归定量分析法基于旅游者的安全心理对旅游安全感的影响因子同旅游者对于旅游目的地的安全期望进行了分析和验证。此外还有一些学者运用经济学中收益—成本理论、TRAMO/SEATS调整模型、多因素方差分析法、SARIMA模型等一系列不同的方法模型对旅游危机产生的根源事件的影响进行定量分析研究。

三是旅游危机具体个案的分析和验证。这类研究大多涉及特定具体的、详细的旅游危机事件的分析及其对某一具体地区带来的一系列负面后果和相应的对策分析。根据所搜索到的相关文献显示，2003—2007年，这类研究主要集中于全球性非典疫情对旅游业的造成的负面影响的相关分析。代表著作有张广瑞、魏小安编著的《中国旅游业:"非典"影响与全面振兴》(2003)，邹统钎编著的《旅游危机管理》(2005)；金祖良的《旅游危机处理指南》(2006)；刘春玲编著的《旅游产业危机管理与预警机制研究》(2007)等。从2008年开始，这类研究多是围绕极端气候和自然灾害这些方面开展旅游危机管理研究。其中，赵蜀蓉、张红（2010)，侧重研究地震后四川政府的角色定位。徐玖平（2008)，通过对汶川地震后重建的实证分析，提出了后综合模式，为中国政府应对自然灾害提供了一种新的路径选择。岑乔、黄玉理（2011)，从旅游者的角度出发针对山地旅游这一选定旅游类型的安全问题进行调查研究，指出"旅游者对旅游过程中的安全认知和相应的预防和对应措施的认知普遍存在误区，风景秀丽的山地景区应事先进行旅游安全统计和分析，以不断提高安全事故预防的旅游警告工作"。柴寿升、赵建春（2011)，对海洋旅游事件的类型、影响进行深入分析后，提出"以'PPRR'模式为依据来保障海洋旅游危机管理体系的高效和旅游业健康快速发展"。

尽管国内学者自2003年以来对旅游危机的关注度日益增大，相关的理论和实证研究也日益丰富，但与国外发达国家相比较，我国关于政府旅游危机管理的理论研究相对滞后，无论是研究内容的横向和纵向维度，还是研究理论成果的实际指导作用方面，都存在着相当的欠缺与不足，而且大多都是以中观和微观的旅游企业方面为切入点来验证旅游危机带来的重大的破坏性和弊病。而对政府主导型的旅游危机管理研究尚有不足；如何以政府为中心建立起行之有效的安全防范与预警体系，在这方面的研究缺乏整体性与系统性。

第三节　国内危机管理教育培训现状

一、政府方面

在我国的旅游危机管理中，淡薄的危机意识是政府相关管理部门的一大缺陷，亟待加强。旅游业是一个极易受到各种危机迫害的行业，正是由于淡薄的危机意识充斥了各级地方政府，才导致旅游企业和政府旅游管理部门在旅游业发展的漫漫长途中对旅游危机管理的长时期的疏忽甚至完全忽略，更无从体察到隐匿在周围的各种风险，任凭旅游危机萌芽期的各种症状自由发展，无法甄别出危机的征兆。直到危机爆发，才开始亡羊补牢，如无头苍蝇般地寻求应对方法和措施，并惯性地将旅游业的“脆弱性”作为旅游危机爆发的挡箭牌。而且，旅游管理部门高估了旅游业自身防范和抗衡各类危机事件的能力，单方面过分强调旅游业的“弹性”和“易恢复性”，致使相当数量的原可以避免或通过采取一定的应对措施将其危害控制在一定范围内的事件，因为旅游管理部门的不闻不问而演变成后果严重的旅游危机。以目前情况来看，危机一旦发生，其应对主要是依赖管理者的个人意志和决断，采取一系列临时性的措施和决策，而旅游行业协会、旅游企业和旅游者并没有充分发挥各自应有的作用，最终导致旅游危机的管理效果差强人意。政府在设立应对旅游危机组织机构上缺乏科学有效性。2005 年国家旅游局发布了《旅游突发公共事件应急预案》(简本，以下简称《预案》)，其中对如何设立旅游危机管理协调机构做了明文规定。由此，我们可以看出国家及市级单位设立的类似应急领导小组不是一种应对旅游危机的常设性组织部门，而是一种临时性的应对旅游危机的协调机构，这种设置致使危机处理计划的有效性得不到保证，各个联动部门间的沟通合作也不能很顺畅地开展。另外，目前我国实行的突发事件应急机制主要以部门为主，这种应急机制在实际应对危机过程中存在很大的弊病。《预案》规定：国务院下设的应急管理办公室在应对危机工作中扮演着举足轻重的角色，是最高指挥官。其他部门依法分别承担类别各异的危机应对任务。地方政府作为本地区的最高指挥官承担本地区的所有危机应对任务。这种应急机制表面看来条理清晰，上行下效，但在实际操作中，并不能很好地解决“条”与“块”如何结合、“条”与“块”哪个为主要问题。危机一旦触发，地方应急管理部门要同时向本级地方政府和其对应的上级领导部门两方汇报，这种重复性的工作反而会浪费宝贵的应对危机的时间，同时造成多头领导，不知到底该听从哪一方下达的决策，从而错失了化解危机的最关键的时机。此外，事发地各级应急管理部门可能会自扫门前雪，拼命维护自身利益，在应对危机过程中发生不协同合作、相互推诿的现象，再加之倘若是跨区域的危机事件，那统筹和协调工作更是无从谈起、难于登天了。

二、旅游协会方面

旅游行业协会成为应对危机事件的培训中心还有待发展。所谓旅游行业协会，即旅游行业组织，是指各旅游企业之间为加强行业间及旅游行业内部的沟通与协作，维护旅游行业利益，促进旅游企业的健康发展，提高旅游企业服务质量及保护旅游消费者权益，在自愿原则的基础上形成的非官方的行业组织。

旅游行业协会作为旅游行业管理网络体系中的一个重要层面，正日益成为旅游经济活动中一个不可或缺的重要力量。然而，旅游行业协会是行业的自律组织，不像政府部门一样具有法定的强制性权力，而且在我国，由于人事、财务等方面的原因，旅游行业协会在危机管理中发挥的作用还十分有限。

三、旅游企业方面

旅游企业对企业本身和员工的旅游危机意识培训太少。旅游企业各要素之间联系紧密，牵一发而动全身，极易引发多米诺效应。因此，旅游危机对旅游企业产生的影响十分显著，有时甚至无法想象。也正因如此，旅游企业就更应该承担起更多的旅游危机预警义务和管理责任。然而，在我国，旅游企业在抵御旅游危机过程中存在着很多不足，主要表现为被动消极，总是将自己设定在受害者的地位上，无担当、不作为，只等着政府和社会来救援。任何规模的旅游危机都会给旅游企业造成巨大的经济损失，而旅游危机过后的旅游市场恢复和旅游企业的恢复都依赖于政府和社会各行各业的资金、技术支持和政策帮扶。

旅游企业只有在旅游危机管理过程中承担起应有的责任和义务，针对自身实际情况进行旅游危机预警和计划系统的建立和完善，才会在面对任何一次旅游危机的冲击下，将自身可能受到的损失降至最低，并能在旅游市场恢复中第一时间赢得政府的优先帮扶和旅游者的青睐来恢复企业的自身信誉实现其良性发展。因此，旅游企业致力于构建有助于自身发展的、科学有效的危机应对管理系统的现实意义斐然。

四、旅游者方面

旅游者作为承受危机的主体，对旅游过程中的危机意识薄弱，出发前也未做好预防危机准备。作为旅游活动的主要参与者，其也往往在旅游危机中成为被威胁和被打击的第一受害者。因此，出于对自身安全的考虑，旅游者应该成为旅游危机管理的直接参与者。一方面，旅游者是遭受危机的被动方；另一方面，旅游者更应该成为主动方，也就是说要成为应对旅游危机的参与方。这样一来，旅游危机管理系统吸纳了各方应对力量，并将各方参与者进行整合形成合力，编织成一张巨大的危机管理网。在旅游危机管理中，旅游者首先需要在危机发生前培养危机意识和判断能力，正确认识旅游过程中可能存在的各种危机的可能性，并掌握相关的各种危机的基本知识，提高旅游者个体的应急反应能力；其次要在危机发生时梳理信息，争取最大限度地保护自己和他人的安全；再次要在危机后及时恢复对于旅游业发展的信心，不断调适自己的心理状况和行为模式，培育新型的健康的旅游观念和旅游方式。

第四节　旅游危机管理的前景展望

在经济全球化和一体化进程加快的背景下，信息、知识、人员等交流的频率在加快、范围在扩大，局部的、区域性的危机可能迅速扩散和蔓延成为全球性危机。近年来境外频频发生的旅游危机对中国旅游业产生了不同程度的负面影响。同时，中国正处于经济转轨与社会转型的关键时期，在社会发展序列上恰好对应着“非稳定状态”的频发阶段。

中国旅游业正面临着旅游危机的严峻考验。SARS 疫情爆发后，有关部门对饭店、旅行社、景区等部门进行严格控制，并及时采取一系列救助措施帮助旅游业渡过难关，使得中国旅游业迅速得到恢复。但总体看，中国旅游业的危机意识不强，采取的危机反应措施基本上都是在危机发生后被动做出的，影响了最大可能地将危机造成的后果降低到最低程度。为了保障中国旅游业的快速稳定发展，有必要强化危机意识，借鉴国外旅游危机管理的经验，结合中国实际，建立中国旅游业的危机管理体系。

一、构建中国旅游危机管理体系

（一）树立旅游危机意识

旅游业是依赖性很强的产业，其发展受诸多因素影响。旅游业又是关联性极强的产业，需要多个部门的协作。任何环节出现差错，都可能给旅游业带来意想不到的损失。因此，旅游业应导入“凡事预则立，不预则废”的危机意识，营造“危机”氛围，要有处理突发事件、应对危机的心理准备和相关机制。以免危机发生时措手不及。

（二）建立完善的旅游危机预警系统

危机预警系统是指组织为了在危机来临时能尽早地察觉到，建立一套能感应危机来临的信号，并判断这些信号与危机之间关系的系统，通过对危机风险源、危机征兆进行不断的监测，从而在各种信号显示危机来临时及时发出警报，提醒组织或个人对危机采取行动。建立旅游危机预警系统的目的是要把许多分散、零星的信息组织到一起，全面监测、跟踪各种动态，作出科学的预测和判断，为旅游危机管理部门的决策提供信息，提高危机发生时的快速反应能力，减少危机造成的损失。旅游危机预警系统包括信息收集、信息加工、决策及警报子系统，其工作过程是：信息收集—信息分析或转化为指标体系—将加工整理后的信息和指标与危机预警的临界点进行比较，对是否发出警报进行决策—发出警报。通过建立完善的旅游危机预警系统，对危机潜伏期的信息及时处理，分析危机发生的概率，估计危机可能造成的负面影响，在必要时发出警报。对可能引发旅游危机的因素，采取应对措施，制订危机预案，以有效地避免危机发生或尽量使危机造成的损失最小化。

（三）建立良好的旅游危机沟通机制

旅游危机沟通就是通过向公众和媒体传递准确、真实的信息，让公众及时了解危机发展情况以及目的地为应对危机所采取的有关措施，减少公众的不安全感，使目的地保持原有的良好声誉，赢得公众对组织的关注和支持，将危机的不利影响最小化。世界旅游组织（WTO）指出，基于诚实和透明之上的良好沟通是成功的危机管理的关键。政府和旅游管理部门作为权威的、最集中的信息源，应满足公众对危机知情权的需要，适度增加危机事件的透明度，以免公众在信息严重不对称情况下，难以积极主动地配合危机管理部门的工作，阻碍危机得到有效控制。另外，危机发生时，要特别注意避免媒体可能会发布某些对组织极为不利的情绪化报道。

（四）设置日常旅游危机管理机构

组建临时性危机管理机构不能适应现代危机管理的要求。这种临时性危机管理机构的缺点表现为：①缺乏延续性，危机处理的经验不能有效保留；②危机处理需要多个机构的合作，临时机构每次都需要大量的时间与相关机构进行协调，效率较低；③缺乏前瞻性。临时机构与专门的危机管理机构相比，事前没有一个有效的危机处理计划和较成熟的危机处理操作方案。而设置日常的危机管理机构有利于旅游管理部门迅速做出正确反应。危机管理的专业性强，信息和经验的持续累积对应对未来危机非常重要，固定的专业危机管理机构才能使危机在发生时及时得到控制。如果没有日常危机管理机构，旅游管理部门在危机应对和政策调整上将始终处于被动。

（五）建立旅游危机协作机制

在经济全球化的背景下，危机的应对需要世界各国的配合与协调。同时，旅游管理部门与其他部门的配合与协调，能够提高资源与信息的利用水平和决策的科学性、及时性，提高危机管理的能力和水平。因此，国家旅游危机管理部门要与国内外相关部门建立广泛的危机应对协作机制，加强跨地域、跨部门、跨行业的交流与合作。

二、旅游危机管理的具体途径

世界旅游组织认为，旅游业危机管理主要有沟通、宣传、安全保障和市场研究四个途径。而基于诚实和透明之上的良好的沟通是成功的危机管理的关键。

根据世界旅游组织提出的行动建议，中国旅游危机管理的具体途径如下：

（一）危机前阶段

要充分估计危机可能对旅游业造成的危害，事先做好充分准备，使危机影响最小化。

（1）启动危机沟通战略。制订危机管理计划，任命专门的发言人并对其进行安全保障方面的培训，设立媒体沟通部门，坚持诚实和透明的原则与媒体进行经常性的信息沟通。良好的合作是有效危机管理的关键。在制订危机管理计划过程中，要把公共服务和私营旅游企业包含进来。要定期对危机管理计划进行预演排练，并不断修正和完善。

（2）制订并实施宣传推广计划。开发旅游业合作伙伴数据库，建立在危机发生时能及时联络所有合作伙伴的信息沟通系统。在旅游宣传推广过程中要诚信守约。为危机事件预留备用基金，并事先得到使用此类基金的授权，避免冗长的行政审批程序，确保在危机发生时能作出迅速的反应。避免卷入国家之间的旅游警告战，要注意加强与游客开展安全方面的信息沟通。

（3）检查安全保障系统。指定专人负责与政府其他部门、专业服务机构、旅游行业和 WTO 在安全保障方面的联络。制定旅游行业的安全保障措施，并在改进安全保障方面扮演积极的角色，发起成立由旅游从业人员组成的安全工作组，鼓励在旅游行业的公共安全和私人安全机构之间建立合作伙伴关系。组建能用多国语言提供援助的旅游警察队伍和紧急呼救中心。

（4）做好危机调研准备。旅游管理部门与饭店、航空公司和旅游经营商建立双向联系，交换游客过夜数、客房出租率、价格等方面的最新数据，关注游客住院率的信息及针对游客的犯罪率。

（二）危机时阶段

危机发生的开始阶段，任何不谨慎的决定都可能会给目的地造成更大的灾难。而有效的危机管理可以改善与业界的关系，帮助旅游业尽快从危机中恢复。

（1）加强信息沟通。坚持诚实和透明原则，不要施加新闻管制；要建立一个新闻发布中心，迅速通过媒体发布危机方面的最新信息；切勿断言推测或空口保证，公布的信息必须真实准确；纠正不真实的报道，利用媒体聚焦来强调积极因素；要向警察局、赈灾机构、航空公司、饭店协会、旅游经营商团体和世界旅游组织等可向媒体发布危机信息的机构及时通报目的地应对危机所采取的有关行动。

（2）积极的宣传推广计划。与业界合作伙伴沟通，向他们提供关于灾害程度、受难者救助行动、结束危机的安全保障服务以及防止危机不再发生的举措等方面的详细信息。积极争取政府增加旅游宣传推广预算，采取财政援助或调整财税政策，这对促进旅游业恢复和吸引游客来访是非常必要的。在困难时期，政府应与企业紧密合作，采取临时性的税收优惠、补贴、削减机场收费和免费签证等措施来激励旅游经营商、航空公司、游船公司等企业在危机后能迅速恢复运营。

（3）确保安全。充分发挥紧急呼救中心的作用，回答游客及其家属的询问；要通过跨机构的接触和联络及时了解安全保障部门为结束危机和提升安全水平所采取的措施；加强内部沟通，防止错误信息的传播。

（4）市场研究。派出调研队伍，对那些在危机时期仍来旅游的游客进行调查，查明他们从什么地方来及为何而来，同时密切关注媒体关于目的地的报道，然后迅速向宣传部门反馈信息。

（三）危机后阶段

危机过后，媒体的注意力会很快转移，但危机带来的负面影响仍会在潜在旅游者心中保持一段较长的时间。整个恢复过程需要各部门的加倍努力，尤其是在信息沟通和宣传领域。

（1）加强沟通，重塑形象。积极准备反映旅游活动正常的新闻条目，证明目的地已经正常经营。邀请媒体重返目的地，向他们展示所取得的成绩。要集中精力做正面的报道，以抵消危机在旅游者心目中形成的不利形象。

（2）调整宣传促销策略。向新的市场群体和特殊的市场群体进行有针对性的促销活动；提供物有所值的特价服务项目；把宣传促销转向那些最有恢复潜力的国外客源市场，重点是距离中国较近的客源市场，因为其旅游者对目的地更加了解和熟悉；加强国内市场宣传促销力度，国内旅游在危机恢复时期可以弥补国际旅游需求的减少；邀请旅游经营商实地考察旅游目的地的恢复情况及所采取的措施，组织一些专门的活动和会议，创造与业界合作伙伴和国际社会进行沟通的机会。

（3）评估安全保障系统。危机过后，要及时评估安全保障系统，以保证其在危机结束后仍然正常运转。通过及时反馈游客问卷调查结果，奖励先进，鞭策后进，不断改善服务质量。

（4）深入进行市场研究。通过调查潜在游客和主要客源市场的合作伙伴，确定他们是否已做好出门旅游的准备以及他们对旅游目的地的感知和印象，将这些信息及时反馈给宣传推广部门，使他们及时调整促销活动计划并纠正被破坏的形象。

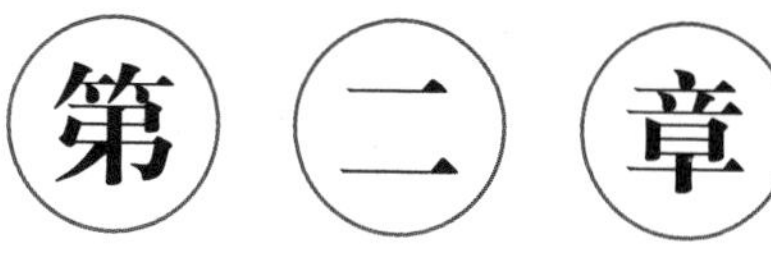

旅游危机管理模型分析

第一节　旅游危机管理经典模式介绍

一、TDMF 危机管理模式

Faulkner 学者提出的 TDMF 旅游危机管理框架是目前旅游危机管理中采用最普遍的模型之一，如表 2-1 所示。

表2-1　TDMF旅游危机管理框架

危机过程中的阶段	危机应对管理组成要素	危机管理战略主要组成部分
1.事前阶段 此时可以采取行动以阻止或减轻潜在危机的影响	前兆 ▲识别相关的公共/私人部门机构组织 ▲建立合作/协商框架和沟通系统 ▲建立、记录和沟通灾难管理战略 ▲教育产业股东、员工、顾客和社区居民 ▲同意草案或承诺协议 ▲建立一个联合的行业/政府灾难协调委员会	风险评估 ▲对潜在的灾难及其发生的可能性进行评估 ▲潜在灾难的成因和影响及其系列发展 ▲建立灾难统一原则 ▲形成预测能力 ▲识别可能的公共部门政策应对

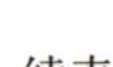
续表

危机过程中的阶段	危机应对管理组成要素	危机管理战略主要组成部分
2.前兆 此时危机即将来临	动员 ▲警告体系（包括大众传媒） ▲建立灾难管理命令中心	灾难一致性规则 ▲确认可能的影响及处于危险境地的人群 ▲评价社区和顾问处理影响的能力 ▲清楚阐述各个（具体的灾难）一致性规划的目标 ▲确认各个阶段可以避免或最小化消极影响所应采取的必要行动 ▲修正以下各个时期的战略优先轮廓 前兆 紧急情况 危机中间阶段 长期(恢复) ▲依据以下几点继续回顾和修正经验 组织结构改变和人事变动 环境改变 ▲事件过去以后对风险评估
3.紧急情况 人们已经感觉到危机的影响，应尽快采取措施保护人们的生命、财产安全	行动 ▲救援/评价程序 ▲媒体大战以使人们恢复信心或获得新的市场 ▲决定政府援助所需的水平 其他的安全策略	
4.危机中间阶段 此时人们短期需求受到重视，活动的主要焦点集中在恢复服务和使社区生活恢复正常	恢复 ▲破坏程度审查/监视系统 ▲清扫和修复 ▲媒体沟通战略	
5.解决阶段 秩序恢复或者新的更好秩序形成	回顾 ▲回顾政策的成功和失败，改正任何缺点	

二、Ritchie 提出的 PPRR 危机管理模式

PPRR 理论是危机管理应用比较广的理论，即：危机前预防（Prevention）、危机前准备阶段（Preparation）、危机爆发期反应（Response）和危机结束期恢复（Recovery），四个阶段组成的危机管理通用模式。后来，美国联邦安全管理委员会（USA）对其加以修正：缓和（Mitigation）、准备（Preparation）、反应（Response）、恢复（Recovery），所以又称“MPRR”模式。

（一）预防（Prevention）

高明的危机管理必须在危机爆发前就加以预防，任何会导致危机的可能性都要予以排除，防患于未然。预防包括以下几个环节：首先，分析危机的环境，对管理范围内的政治、社会、经济、自然等条件进行评估；其次，找出可能导致危机的关键因素，并尽可能提早加以解决。

（二）准备（Preparation）

一方面要制订应急计划。提前设想危机可能爆发的方式、规模，并且准备好多套应急方案，一般要以最坏打算为底线。另一方面，建立危机预警机制，依靠这种参照物指标来加以检验。这项工作没做好，很可能导致本来程度轻的、局部的危机，改变性质，蔓延为全局性的、严重的危机。

（三）反应（Response）

对危机做出适时的反应是危机管理中最重要的组成部分。防患于未然易说难做，很多事情非人力所能控制。但危机一旦发生，就需要注意以下几点：

首先，要遏制危机。管理部门要在困难的情况下为决策者提供及时、准确而必要的信息，从而为迅速出击，解决危机创造条件。

其次，要注意隔绝危机，避免其蔓延，并将其限定在一定范围之内。隔绝的一种途径是通过有效的危机反应机制防止危机扩大或扩散。

另外就是加强媒体管理，防止谣言流传，虚假信息散布影响决策。这要注意与封锁消息、隐瞒信息加以区分。在传统的报纸、杂志、电视、广播等信息传播渠道的基础上，近些年随着网络的扩张，大众传媒在塑造价值观念、强化公众意识、反映和引导社会舆论等诸多方面都发挥着巨大的作用。当今信息技术及传播手段的多元化趋势，呼唤与之相适应的舆论引导方式。

英国危机公关专家里杰斯特曾提出著名的危机沟通“三T”原则：第一，以我为主提供情况（Tellyourowntale）；第二，提供全部情况（Tellitall）；第三，尽快提供情况（Tellitfast）。

（四）恢复（Recovery）

危机过后，需要对恢复或重建进行管理。恢复和重建不仅意味着恢复危机中所受到的损害，更要恢复受害人的精神损失，尤其要避免重蹈覆辙，将引发危机的漏洞弥补起来。

在危机管理的 PPRR 模型中，2P（预防与准备）比 2R（反应与恢复）重要，做好 2P，才能搞好 2R。如果没有做好 2P，2R 只能尽人事；相反的，做好 2P，即使 2R 没做好，危机的危险损害还能够在控制之下，这是我们常说预防重于治疗的道理。

三、Becken 和 Hughey 提出的 4R 危机管理模型

罗伯特·希斯在《危机管理》一书中，提出了一些“更为鲜活的术语”，也就是所谓的 4R 危机管理模型，即缩减（Reduction）、预备（Readiness）、反应（Response）、恢复（Recovery）。

4R 危机管理模型核心为：管理者需要将危机管理工作按照 4R 模式分为四类，减少危机情境的攻击力和影响力，使企业做好处理危机情况的准备，尽力应对已经发生的危机，以及从中恢复。

缩减，这是许多企业没有重视的工作，但却能够极大地减少危机的成本与损失。要成为一个有效的危机管理者，第一步就是要确认危机情境的来源。在资源和时间相对稀缺的情况下，要做到这一步，就必须对企业的环境和内部机制进行风险评估，根据风险评估的等级，确定危机管理的优先等级，力求在问题出现以前就确定其起因，防患于未然。

一旦管理者对危机情境及冲击分析完毕，并开始执行危机和风险缩减程序时，他们就要帮助员工准备就绪，以应对危机的发生。这些准备工作包括使危机反应和恢复计划深入人心，并对员工进行技能培训和模拟演习，其目的是将损失最小化，使情境恢复至常态。而且，为了能够减小危机冲击，迅速控制损失，必须有效使用监视和预警系统，并通过训练提高员工对预警的正确反应能力。唯此，方能抑祸于开端，防患于未然。

在危机的反应和恢复阶段，管理者要进行四个步骤：影响分析、计划、技能和审计。但是由于危机的阶段特征不一样，四个步骤在这两个阶段的执行就要加以区别。

在危机发生后，管理者要对危机的数量和本质有明确地认识，尤其是那些可能对企业造成“致命的”危机，应予以严格的评估。习惯上把这个评估过程称之为“经营影响分析”。进行经营影响分析可以减少经营混乱和反应恢复的时间，并且能够提高企业保护财产和人员的能力，以及尽快恢复企业在公众中的

良好形象。

危机反应计划是危机当中协调行动的指导方针，但它并不是单独描述行动或程序的死板教条。高质量的危机计划能够提供一个普遍的观点，当遇到导致危机发生的个别情境时，能够协助管理者运转自如。恢复计划侧重于企业工商管理，包括把注意力集中在商业活动和服务，以及企业的重新正常运营上（罗育斌，2009）。

四、芬克（Fink）的四阶段生命周期模型（“F 模型”）

芬克用医学术语形象地对危机的生命周期进行了描述：第一阶段是征兆期（Prodromal），有线索显示有潜在的危机可能发生；第二阶段是发作期（Breakout or Acute），具有伤害性的事件发生并引发危机；第三阶段是延续期（Chronic），危机持续影响，同时也是努力清除危机的过程；第四阶段是痊愈期（Resolution），危机事件已经完全解决。这是最早的把危机管理看作长期事件，而且芬克相信在危机发生之前必然存在着预警的信号，所以他认为一个好的危机管理者就不能仅仅局限在设计危机管理计划（CMP），而是要积极地识别并防范可能引发危机的事件。这种“F 模型”虽然简单明确，通俗易懂，但从逻辑上看，没有包括危机征兆前的危机预防（罗育斌，2009）。

五、米特罗夫（Lan Mitroff）的五阶段模型（“M 模型”）

M 模型与以前的危机管理模型相比具有一些新的特点：在危机发生前，M 模型更重视危机的预测和预防，并且指出了预防的措施；在危机发生阶段，M 模型更重视如何限制危机的影响，避免危机向组织的“健康部分传播”（罗育斌，2009）；在危机过后，M 模型强调了如何通过危机管理促进组织从危机冲击中恢复，并且经过回顾和自我批评审视，成为下一阶段的工作开始，为另一个信号侦测阶段以及探测、预防阶段提供有效反馈。这种模型比“F 模型”更积极主动，关注危机管理者在每一个阶段应该做出的决策。如图 2-1 所示。

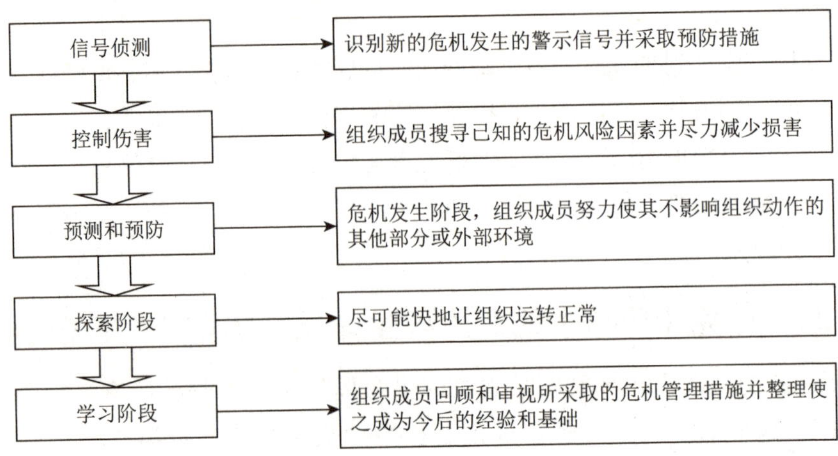

图 2-1　米特罗夫（Lan Mitroff）的五阶段模型（“M 模型”）

六、三阶段模型

它把危机管理分成危机前（Precrisis）、危机（Crisis）和危机后（Postcrisis）这三个大的阶段，每个阶段可再分为不同的子阶段，典型代表人物有霍士富和张玉波。

霍士富的危机管理三阶段理论包括第一阶段，即危机前，企业应做好防范工作，建立早期警报信息系统，尽早掌握公司能够预测到的危机信息；第二阶段当危机发生时，企业应把损失控制到最低点，制定危机应对对策；第三阶段，危机结束后，企业应制定恢复的措施和实施方案。

张玉波将危机管理分为三个阶段：第一阶段，危机预防与预警，企业将可能会对自身造成麻烦的危机一一列出，考虑其后果，并估计预防所需的花费；第二阶段，危机处理，在危机开始时，企业应首先从思想上重视，并采取果断行动；如果无法成功阻止危机爆发，则在危机蔓延时企业应进行大规模的危机管理，并开展有效的公关活动，减少危机造成的直接损失，为企业重建创造条件；第三阶段，重塑企业形象，企业在危机结束后，还应在公众中重新建立良好的企业形象，将危机带来的不利影响尽可能地清除干净。

第二节 旅游舆情危机背景下潜在旅游者风险决策阶段性特征

根据马斯洛的需求层次理论，安全是一个人在满足了生理需求之后的第二层次需求。由此可见安全需求对于人们的重要性。从事旅游活动的人们离开自己的常住地，到外地、外国去体验不同的生活，为的是得到身心的放松、精神的享受，若一个旅游目的地不能给予旅游者人身与财产安全的保护，那么该旅游目的地旅游业的发展也就无从着手。

随着通信技术的发展，人类进入到了信息时代。特别是互联网的普及，它以其时效快、传播范围广、影响力大的特点，无时无刻不影响着我们的日常生活。它方便了我们的生活，改变了我们的思维方式。然而，在具有较强敏感性的旅游行业中，信息时代的这些特点又极易引发“好事不出门，坏事传千里”的效应，一旦该旅游目的地发生负面新闻，经过舆论传播，则极易演变为旅游舆情危机。

旅游舆情危机是相对于旅游负面突发事件而言的，是指当一个旅游目的地面对突发事件，特别是负面事件，作为主体的民众对客观存在的事件或现象表达自己的信念、态度、意见和情绪等，当这些信念、态度、意见和情绪集聚汇总，其舆论影响范围空前扩大，并给此旅游目的地造成危机感的现象。旅游舆情事件的发生会使得潜在旅游者产生对该旅游目的地不安全的恐慌心理，成为潜在旅游者前往该旅游目的地的致命性阻力，继而对该旅游目的地及相关产业的发展造成极大的影响。

因此，针对潜在旅游者在旅游舆情危机背景下的风险决策研究十分有意义，它有助于相关旅游企业、政府对旅游舆情危机的预防、应对及事后恢复工作的开展，并以此为基础达到旅游目的地形象优化、游客满意度提高的效果。

一、“潜在旅游者”

在 Huan T. C.，Beaman J.（2004）旅游决策模型的基础上，本书制定了旅游舆情危机发生前后潜在旅游者的目的地感知集，如表 2–2 所示。

表2–2　旅游舆情危机发生前后潜在旅游者的目的地感知集一览表

	旅游舆情危机发生前潜在旅游者的决策	旅游舆情危机发生后潜在旅游者的决策
诱发域	主动收集与该旅游目的地相关的信息，计划前去旅游	（1）前往该旅游目的地旅游，有可能遭遇此类事件，所以我放弃此次旅行（转化为排除域） （2）为了避免受到伤害，我放弃此次旅行，但我①会继续关注该旅游目的地的相关信息（停留在诱发域）②希望听到该旅游目的地好的消息（转化为无诱发域）
无诱发域	知道该旅游目的地，但是没有考虑过前去旅游，没有主动搜集相关旅游信息	（1）前往该旅游目的地旅游，有可能遭遇此类事件，所以我不会去旅游（转化为排除域） （2）有兴趣关注该旅游目的地，主动搜集相关信息（转化为诱发域）
排除域	不会考虑前往该旅游目的地，因为某种原因导致印象不好	前往该旅游目的地旅游，有可能遭遇此类事件，所以我不会去旅游（停留在排除域）

潜在旅游者在做出旅游风险决策的时候都有自己的感知集，从而对旅游目的地的感知形象产生变化，与之相对应的潜在旅游者的激发域也会随之变化。

潜在旅游者对于目的地的感知不是一成不变的，随着旅游舆情事件的发生，他们会对目的地感知形象产生变化。

在旅游舆情危机爆发后，对旅游目的地感知风险较为敏感以及处于排除域的潜在旅游者都会选择放弃该旅游目的地，然而，随着事件的持续热议，部分处于诱发域及无诱发域的潜在旅游者会因为该旅游目的地知名度的上升而去主动关注，但即便如此，也不意味着该部分旅游者一定会选择该旅游目的地。

由此可见，本书研究的对象为：在旅游舆情危机爆发后仍处在诱发域的潜在旅游者，即主动收集与该旅游目的地相关的信息，计划前去该旅游目的地旅游的潜在旅游者，以下的阶段性特征研究也是针对此类潜在旅游者。

二、潜在旅游者阶段性特征模型

根据传播学的基本规律，我们可以将旅游舆情事件的演变分为：萌芽初显期、迅速扩散期、规模爆发期和波动消退期。

（一）萌芽初显期

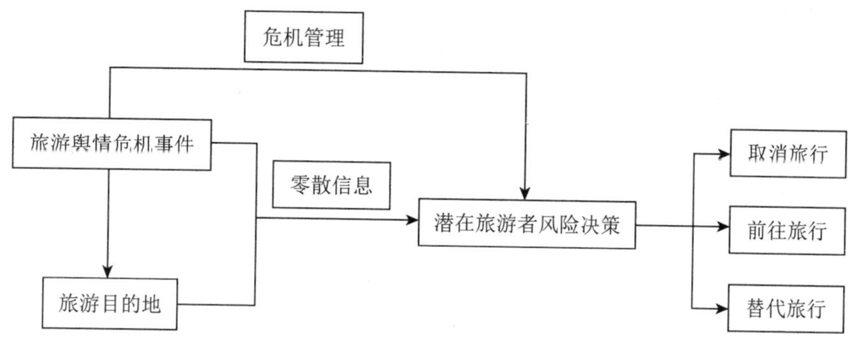

图 2-2　旅游舆情危机萌芽初显期潜在旅游者风险决策模型

如图 2-2 所示，在旅游舆情危机的初发阶段，此时的原始信息处于零散的状态，网络上浏览量不多，人们对危机事件带来的不安全因素了解不够，并没有形成集聚效应，部分具有相同经历的游客开始关注此次事件，但由于网络、新闻媒体尚未介入，不足以引发民众的广泛热议。

此时，若责任主体、相关部门处理及时，从源头上进行干预，则可以化险为夷；但是若相关部门不以为然，就很有可能导致事件的进一步扩散，成为一个潜在的具有极大影响力的旅游舆情事件，从而直接影响潜在旅游者的旅游决策。

（二）迅速扩散期

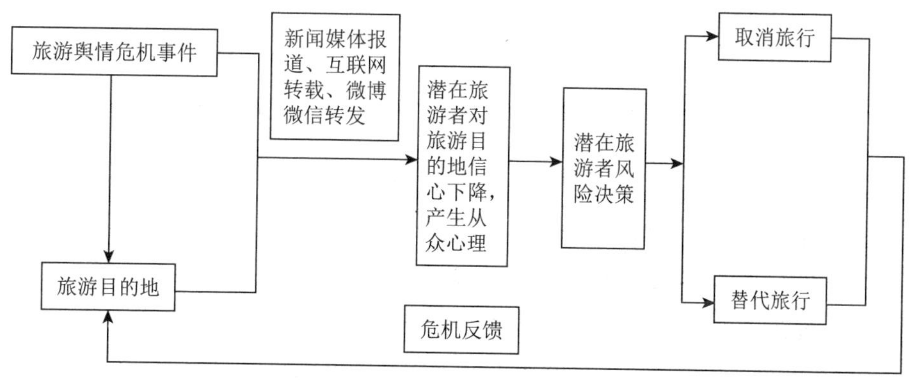

图 2-3　旅游舆情危机迅速扩散期潜在旅游者风险决策模型

如图 2–3 所示，由于相关责任人、政府部门反应滞后，尚未采取措施解决问题，原本处于零散状态的旅游舆情消息引来新闻媒体的介入、知名网站的转载、微博微信的转发，使得关于该旅游舆情的网页访问量和信息量迅速提升，逐渐引来群众的围观。

随着信息的扩散，潜在旅游者对危机事件给旅游带来的风险感知逐步增强，对该旅游目的地的相关旅游安全信息产生了强烈的需求，由于这种强烈的需求与旅游目的地所提供的信息量所形成的不对称，潜在旅游者对该旅游目的地的信心逐渐下降、对该旅游目的地的目的地形象产生疑问，从而影响其购买行为，更为稳妥的从众心理油然而生，更多的潜在旅游者会选择取消旅行或者寻找替代旅游目的地进行旅行。

在这个阶段，危机的后果导致该旅游目的地形象受损，引发客流量下降，旅游业及其相关产业受到不同程度的打击。

（三）规模爆发期

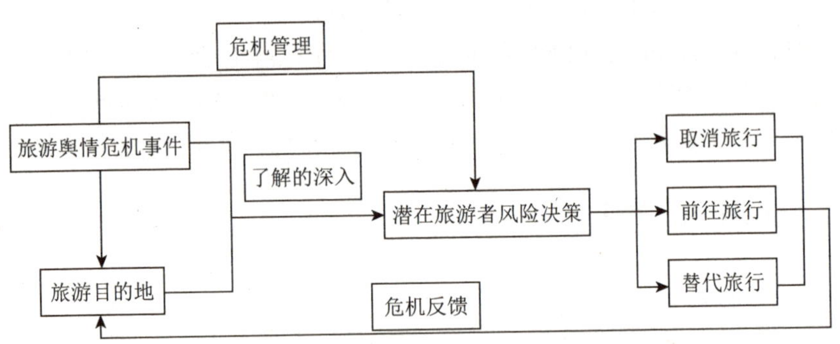

图 2–4　旅游舆情危机规模爆发期潜在旅游者风险决策模型

如图 2–4 所示，随着时间的推移、事件的愈演愈烈，借助互联网、新闻广播、口口相传等方式，该旅游目的地的这一舆情事件迅速成为人们茶余饭后的议题，成为一个社会热点事件，随之而来的类似舆情事件也被翻出进行归纳、比较，事件被再一次放大。

在这个阶段，随着更多专业人士对该事件的关注与跟踪，以及相关责任人与政府的介入，人们对该事件的了解程度也逐渐增强，潜在旅游者的从众心理会随之下降，对危机的风险承受度也会逐步增强，逐渐形成自己的判断。但是在危机尚未解除的情况下，周围群体对该事件的态度及采取的行动仍然成为他们是否前往该旅游目的地的重要依据。

（四）波动消退期

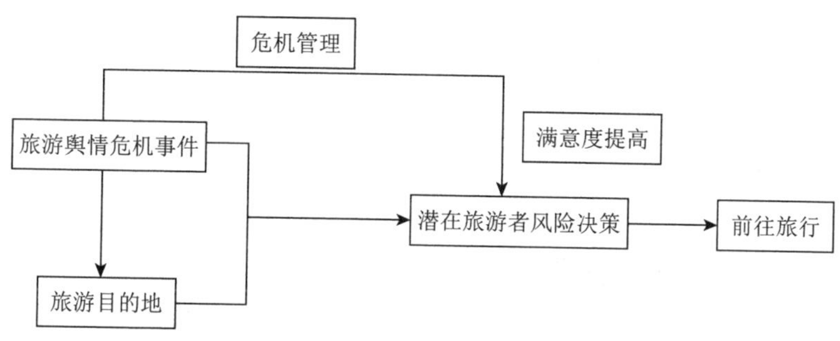

图 2–5　旅游舆情危机波动消退期潜在旅游者风险决策模型

如图 2–5 所示，在这个阶段，随着政府对相关单位、景区各方的过失进行针对性的处理，民众的诉求得到满意答复。再凭借新闻广播各媒体及网友的有效传播，该目的地的旅游目的地形象逐渐得到恢复。之后，潜在旅游者会逐渐淡忘此次事件，再经过理性分析，他们对该旅游目的地的危机意识逐渐降低，反而对整顿后的该旅游目的地产生好感，选择前往旅行。

三、小结

综上所述，我们不难发现：

（1）互联网的传播及新闻媒体的报道对旅游舆情事件影响力的扩大产生了决定性的作用。

（2）由于旅游舆情危机事件的发生，潜在旅游者易出于安全考虑，其出游意愿下降，选择取消旅游或者选择其他旅游目的地来进行旅游活动，从而使得旅游目的地的客流量减少。按照上文所引用的“客流—物流—资金”递减规律，从旅游产业链上影响该旅游目的地乃至所在地区旅游业的发展。而事件相关责任人以及政府的处理及时与否，结果是否处理得当，是否可以使大众满意并使其解除不安全因素的考虑是化解旅游舆情危机的关键性因素。

（3）假如旅游目的地相关责任人及政府相关部门对旅游舆情事件解决得当，也许反而成为旅游目的地一个良好的宣传契机。一来，在经过网络、新闻媒体的接连探讨之后，该旅游目的地的知名度与影响力大大提高；二来，经过整顿后的旅游目的地使得潜在旅游者对该旅游目的地更有信心，从而使得他们更有出游动机，更有旅游者为了满足好奇心理，选择前去观光游览。

第三节　基于野外旅游游客安全意识的旅游管理危机模式

——以八达岭老虎袭人事件为例

一、危机事件发生的背景

自20世纪90年代以来，国内一些地方开始热衷于建设野生动物园。与传统的城市动物园相比，野生动物园的突出特点就是：将动物从笼子里解放出来，而把游客装在“笼子”里。这种“人在笼中游览，动物在笼外散放”的新模式，有利于游客近距离观看野生动物，激发游客与野生动物亲密接触的欲望与兴趣，使游客数量与园内收入实现大幅度提升。但是，一些地方的野生动物园管理者却被金钱蒙住了双眼，一味地追求利润最大化，而忽视了对安全等关乎公共利益方面的投资，以致猛兽攻击车辆、伤害游客等安全事故频发。

2013年12月17日，上海动物园繁殖场，一饲养员在打扫虎笼时，被华南虎咬死。

2014年8月28日，八达岭野生动物园孟加拉虎园区，一名巡逻员被老虎咬伤后送至医院，经抢救无效不幸身亡。

2015年8月12日，秦皇岛野生动物园，一名女性游客在白虎园区参观时自行下车，遭到老虎攻击受伤，被送往医院后，经抢救无效死亡。

2016年3月3日，八达岭野生动物园，一名园区动管部经理给大象喂食、打扫象舍时，大象因处于发情期，将其踩踏致死。

最近的事故是2016年7月23日15时许在八达岭野生动物园发生的一起东北虎袭人事件，致1人死亡1人受伤。监控视频显示，一辆小轿车游览过程中突然停下，接着副驾驶座位上一年轻女子打开车门，从前方绕道到汽车驾驶座时遭老虎扑咬。

仅以此次涉事的八达岭野生动物园为例，就曾发生多起老虎咬死人事件。游客一而再再而三地受到伤害，舆论像猛浪一般持续不断，出现了“虎夺游人命，人言猛于虎”的现象。每每在野生动物园伤人事件发生后，园方的具体说辞各不相同，但是有一点却大多是相同的，就是将事故原因归咎于游客的安全危机意识不强。比如，都会说动物园与游客签署了安全协议，告知了游客游览时“不能下车”，且树立了“网外有虎”“珍爱生命”等警示标识。但是，安全常识告诉我们，在高度危险的地方，将安全防范的责任仅仅寄希望于游客个人的自律，这是完全不够的。这无疑折射出了野生旅游的游客危机意识管理严重缺位现象。

二、游客安全意识的旅游危机管理模式创新

（一）危机之前

（1）重宣传。通过八达岭野生动物园事件，要求景区及政府进一步加大对游客的安全宣传力度，强化宣传意识，提升宣传水平，创新宣传方式，提高游客的安全意识和危机意识，让游客在游览过程中随时保持警惕。不仅要做到宣传营销野生动物园吸引游客，还要“恩威并施”，让游客潜意识中形成不影响旅游需求与旅游欲望的安全危机意识。游客意识和认知水平的差异，如年龄、学历、性别，甚至性格等，都会对旅游危机事件的感知产生差异，如年长者对政治事件的敏感度高，对安全环境的要求细致严谨；女性对风险认知度较高，对整个家庭的旅游决策起重要作用；而公众导向也是影响旅游者意识，激发旅游动机的重要因素，正确明智的引导能产生预期不到的正面效果，相反，若不进行提前预防性的全方位的宣传，滞后混乱的报道也会引起更大的危机。这就要求动物园、政府和国家在旅游者认知水平和意识宣传上进行正面而全面的引导。

（2）重记录。通过八达岭野生动物事件，我们要建立健全安全管理台账，

更加完善责任书，在需要多加注意的地方多次并多地点的进行提醒；如实记录员工的教育培训情况，野生动物园的员工是直接接触游客的，他们的危机意识必须时刻亮红灯，对潜在的危机具有敏感性和警惕性，保证每一位景区员工都具有完善的安全素质与安全知识，知法、懂法、守法、教法，对游客晓之以理，动之以情，记录下每位游客的旅游危机意识中欠缺的地方，定时定期整理反馈。员工要比游客更加有危机意识，这样才能感染游客，更好地进行危机发生以前的危机管理；完善应急演练相关档案资料，在有条件的情况下，规定每隔一段时间进行系统化的危机演练，并认真进行记录，查缺补漏，预防危机，同时要积极响应行业部门和属地政府督促整改，欢迎社会各界的监督审查。

（3）重监察。要做到安全监控常态化，采取多种手段加大安全监察力度，如每天出动巡查车队以及专业医生，以消除不安全因素于萌芽状态以及能够第一时间紧急处理危机情况。

（二）危机期间

危机发生的第一个 24 小时至关重要，坚持做到真相与价值并重，耐心迎合和引导游客和舆论，告知、疏通、转换公众意识，做到前后一致，不留诟病。

（1）重真相。在沟通方面，要坚持诚信和透明，不应实行新闻管制。要建立一个媒体中心，并迅速通过媒体发布危机方面的信息。信息需要被理解得尽可能可靠；在宣传方面，应直接向媒体提供关于受害程度、受难者救助行动、结束危机的安全保障服务以及防止灾害受难者救助行动、结束危机的安全保障服务以及防止灾害不再发生的举措等方面的详细信息；在安全保障方面，要充分发挥应急电话中心的作用，要通过跨机构的接触和联络，采取安全保障措施来结束危机和提升安全水平，并加强内部沟通，防止错误信息的传播；在市场研究方面，要派出调研队伍，回馈在危机期间媒体关于危机发生过程都报道了些什么，然后迅速向宣传部门反馈信息。

（2）重迎合。危机事件发生后，应做到“耐心倾听，充分告知，有效诚实，关爱弱者”。危机事件发生后，园区应立即采取实际行动，将伤者送往医院救治，垫付医疗费，派专人全程陪护家属。园方需成立危机处理小组，按照政府要求立即停业；与此同时协助救治伤员，照顾好家属，积极配合调查并进行内部整改。伤者治疗期间，园区负责人应多次探望家属，对此次突发事件中的逝者表示哀悼，对伤者表示慰问。针对调查组对园区安全管理提出的要求，动物园应暂时关闭东北虎园，暂停猛兽区的自驾车游览，同时借鉴国内外同行业的经验，对园区进行改造，提升完善安全防护措施。还应进一步建立健全安全管理台账，加强对员工的安全意识和规范培训，提高园区的管理水平。在宣传方面，动物园应加大安全宣导力度，与游客共同强化安全意识，共同严格履行各项安全管理责任义务，为广大游客提供一个安全、愉快的游览环境。继续与家属方保持沟通交流，协助做好逝者和伤者的善后工作，依法尽快达成协议。对于网友关心的伤人老虎的处理问题，应有专门权威负责人耐心合理解释。

（三）危机之后

（1）重引导。党的十七大报告中指出："保障人民的知情权、参与权、表达权、监督权。"应公开报道以保障人民知情权，只有先让群众知情，才能谈得上参与、表达和监督。在知道事情真相的基础上，借助舆论的力量，人民的监督权更能得到保证。通过互动使信息在公众、媒体、法制部门及政府相关机构之间良性循环。危机事件发生后，真实信息和虚假信息会同时弥漫在客观和媒体构建的拟态环境中，公众通常是在信息不对称的情况下表达自己的意见，这种意见未必代表公众对危机事件的真实认知和评论。

（2）重转移。在沟通方面，园区要积极准备反映旅游活动正常的新闻条目，在宣传方面要对新的市场群体和特殊的市场群体进行有针对性的宣传。要集中精力做正面报道，以抵消危机事件在旅游者心目中形成的不利形象。自媒体时代出现了很多由互联网公司提供的自媒体传播平台如微博、博客、社交网站等，由于这些传播平台的传播者主要是公众，具有强大的传播功能，因而这些传播平台的所有者和管理者有义务、有责任对传播的信息进行把关，进行舆论引导。自媒体需要将更多的精力放在判断网民上传的法制事件信息是否真实和及时删除不真实、不健康的言论上；如果虚假信息已经传播出去，则要在醒目位置发出公告，必要时以短信的形式通知每一位用户。实行实名制也是媒体把关的一种途径。媒体应在必要时刻加大正能量的灌输，及时转移公众视线。

（3）重一致。当危机事件完结，舆论减退时，媒体大多进行一些总结性、建议性的报道，公众舆论也相对稳定。相关机构应在舆论终结期继续在舆情监测的基础上关注和疏导民意，举办新闻发布会对事件处理结论及对舆论反映出的意见和问题进行说明，注重与危机发生时态度、行为和言论的一致性并向公众传达处理好相关法制事件或构建此事件相关的工作机制的计划或决心。

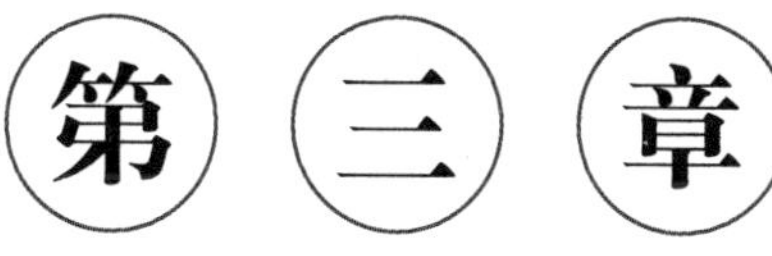

第三章 旅游景区（目的地）企业危机管理

由于旅游业的综合性、异地性、季节性和依赖性的产业特征，决定了旅游业的高度敏感性。旅游业包含吃、住、行、游、购、娱六个要素，涉及社会、政治、文化、经济等各个方面。在有机的旅游系统内外，当任何一个旅游要素的负向变化或外界依托因素的负向变化超过旅游业的承受界值时，都有可能引发旅游系统的波动震荡。因此，当发生政治、经济、文化、社会、自然等突发危机时，旅游业是整个国民经济系统中最容易受到冲击的行业，其发展极大地依赖于内外部环境的稳定和平衡，与其他产业相比，面临着更加严峻的挑战。

从国际上看，美国“9·11”事件、印度尼西亚海啸事件、马航事件以及近几年来国内出现的香港占中事件、青岛大虾事件、凤凰古城收费事件等旅游危机中可以发现危机事件的起因可以来自各个方面，这使得我们在预防危机方面面临着巨大的挑战。面对危机，可以说我们无法规避所有的风险，但是我们可以通过对危机的研究，将危机进行分类总结，运用各种危机管理机制将损失降到最低。就目前旅游业形式而言，对危机的管理能力已经成为区域旅游发展的一种重要资本，有效地管理危机并消除危机的危害能力是区域旅游竞争优势的一大源泉。

第一节　旅游目的地危机管理机制创新

一、利用全域旅游的背景建立预警机制

推进全域旅游是我国新阶段旅游发展战略的再定位。全域旅游是一种积极有效的开发性保护模式，它既突出了旅游目的地重点景点景区的地位，又强调了旅游发展与资源环境承载能力相适应，通过全面优化旅游资源、基础设施、旅游功能、旅游要素和产业布局，更好地疏解和减轻了核心景点景区的承载压力。这使得旅游目的地形成了一个统一的、有组织的旅游系统。以旅游目的地为单位建立预警机制，同时与其他旅游目的地形成联盟，相互借鉴，相互帮助，可以高效地预测危机，在最短的时间内做出危机处理措施，避免危机进一步扩大，达到合作共赢的效果。

此外，在建立预警机制的同时要注意把握整体与部分的作用，既要发挥联盟整体的危机预警作用，搜集广泛的旅游信息，做出完善的应对机制；又要从自身特点出发，了解自身的薄弱点，在危机预警中有侧重点，加强这一方面的检测。

二、完善旅游目的地风险因素检测管理

罗马不是一日建成的，前文提到危机的发生有其偶然性，但也有其必然性。它是风险因素在积累到临界值时由一个偶然事件引发的。比如青岛大虾危机，是因为宰客这一能威胁当地旅游业发展的风险因素经过长期的蛰伏之后，由一个偶然的游客投诉造成的。所以旅游目的地政府和当地旅游企业应该根据不同的旅游资源类型和旅游主题，加强对目的地风险因素的检测。风险因素主要包括旅游资源吸引力、环境、旅游服务设施设备、市场秩序、社会治安等。只有加强对风险因素的检测和管理，在危机爆发之前就把可能造成危机的因素压制或者消灭，才能降低危机爆发的概率。即使不能阻止危机的爆发，也能在危机爆发的第一时间做出应对措施，控制危情的蔓延，降低旅游目的地的损失。

三、充分发挥政府在旅游者中的公信力

政府在旅游目的地的开发和管理中应该处于一个主导地位，正确引导旅游目的地正确利用资源，形成一个健康、有秩的旅游市场。除此之外，相比于社会的无组织性，政府是一个规范的国家机构，在群众心中更有公信力。旅游目的地的发展需要政府的保驾护航，在危机发生的时候，政府要及时出面，一是稳定游客的情绪，二是抑制危机的恶化，三是展现旅游目的地处理危机的能力及信心。危机是挑战也是机遇，若是能在游客心中树立一个正面的旅游形象，危机就成了一种特殊的旅游宣传方式。

四、正确引导网络媒体的舆论指向

我们现在正处在一个自媒体的时代，信息技术的发展使得人们获取信息更加的快捷，其中包含正确的信息也包含虚假的信息。虽然群众对于信息的判断有自己的想法，但总体来说，信息的话语权仍把握在主流媒体的手上。所以旅游目的地需正确处理与媒体的关系，通过联盟和政府的帮助正确引导网络主流媒体的舆论指向。一方面接受媒体的监督，完善旅游产品；另一方面对于一些错误的舆论报道加以制止。为降低管理成本，提高效率，旅游目的地可以在原有的网络销售部门的工作中增加公关处理职能，平时与网络媒体建立友好的合作关系；在危机发生的时候及时播报危机处理进度，减少恐慌。同时还可制造更加热门的话题，转移群众的关注点。网络是一把双刃剑，虽然加大了危机发生的概率，但是我们也可以利用网络合理引导群众的想法，转危机为机遇。

第二节　我国主题公园危机现状及应对措施探讨

一、国内主题公园现状分析

主题公园具有生命周期，目前国内很多主题公园陷入周期性发展瓶颈，是一个不得不面对的残酷现实。2014 年，根据世界旅游组织旅游专家委员会委员提供的调查研究数据显示，国内主题公园经营状况并不尽如人意，近十年来，

国内先后涌现了1000多家旅游主题公园，到现在为止，已经倒闭的占80%，现在国内共有超过2500家主题公园，70%亏损，20%持平，仅有10%盈利。

总体而言，我国主题公园发展水平与美国存在较大的差距，2012年我国187家主题公园，共接待1.72亿人次，营业收入257.73亿元人民币，而仅迪士尼一家就接待了1.21亿人次，营业收入370亿美元（按景区收入占30%计，也达110亿美元，约合660亿元人民币）。

我国主题公园具有起步时间晚，发展迅速，投资大而回报低的特点。景区产品重复建设，特色不鲜明，经济效益低，是旅游产品危机的一种。国内主题公园明显就存在这种问题，过于单一的游乐设施，缺乏鲜明的主题导致旅游景区形象不突出，旅游吸引力下降。此外，国内主题公园的景区形象不鲜明或形象重叠，大多数的主题公园以休闲娱乐为主，游乐设施缺乏创新，换汤不换药的现象严重，很难激发游客的旅游动机。

二、迪士尼主题公园成功经验

根据调查，迪士尼在洛杉矶、奥兰多的经营状况良好，在东京的项目更是年年盈利，然而在巴黎的项目开业后连续17年亏损，直至2008年起才开始盈利，而香港迪士尼乐园则连续亏损7年，2012年起开始盈利。

迪士尼主题公园的成功与其品牌树立、盈利模式和员工管理密切相关。

迪士尼是沃尔特迪士尼公司的品牌，其中主题公园是迪士尼公司的品牌之一。卡通人物与迪士尼主体公园的组合是迪士尼在主题公园运作中最常见的一种品牌组合战略。因为迪士尼的卡通人物是迪士尼发展起始期的品牌，延续至今。从游客认知角度说，把电影卡通人物这样一个品牌引入到主题公园当中，能够使游客快速建立“公园—卡通人物—迪士尼”的品牌关联联系。

卡通人物品牌与迪士尼主题公园的组合主要通过：戏剧表演、旅游商品设计及销售、网络媒体与主题公园的品牌组合这三种方式来实现。

游客在迪士尼主题公园内不仅可以观看到迪士尼卡通人物戏剧表演、迪士尼卡通人物巡游，还可以与其合影等。戏剧表演不仅可以突出迪士尼的主题，还能够增加游客的体验性。

迪士尼旅游商品的设计及销售不仅增加了旅游景区的特色，也为迪士尼乐园带来了巨大收入。同时，一些在主题公园之外的迪士尼专卖店买不到的特殊商品也为主题公园起到了广告传播的效果。有研究表示，以迪士尼模式为例，迪士尼乐园每年的收入 30% 来自门票，30% 来自购物，剩下 40% 收入来自于其他。而中国主题公园鲜能做到这一点，大多数主题公园仍还是以门票收入作为主要收入来源，其他衍生品的开发仍处于初级阶段。

另外，迪士尼乐园注重为游客提供高品质的服务质量。迪士尼对于服务质量是这样定义的：注重细节并给顾客更多。迪士尼的服务质量采取游客导向模式，以游客的满意程度作为衡量服务质量高低的评价标准。迪士尼的服务管理的基础是安全，主要包括设施安全与食品卫生安全。迪士尼对于一些危险系数较高的游艺设备会进行定期维修，有时时间长达半年。对于操作设备的员工会进行紧急情况处理的相关培训。

三、我国主题公园危机应对措施

（一）注重主题公园的选址等其他规划，建立预防战略

根据旅游地生命周期理论，任何一个旅游地的发展过程一般都包括探查、参与、发展、巩固、停滞和衰落或复苏 6 个阶段。规划预防战略是指在规划旅游地时，打造每一项旅游产品时，预测其生命周期，及时地更新换代。如深圳华侨城，自 1989 年以来，相继推出了锦绣中华、中国民俗文化村、世界之窗、“欢乐谷”一期、“欢乐谷”二期等主打产品，每隔几年都有新的产品问世，产品一步一步地由陈列观光型、表演欣赏型向主体参与体验型升级，这使得其发展长盛不衰。而全国各地的各类主题公园却因其主导产品不再为市场接受又没有新的产品推出而走向衰落。昆明世博园在建设之初就确定了永续发展的理念，提出了远期规划和分阶段建设的构想以及“九九世博会，永久世博园”的口号，在 1999 年世博会之后，产品周期性的升级换代，把老顾客变成新顾客，长期保持大量的客源和高收入水平，在旅游地衰落之前就克服了衰落。

（二）突出主题，注重品牌树立

主题公园只有具有自己独一无二的主题，才能保证其不会被其他主题公园取代。在突出公园主题方面，主题景区公园不能只依靠游乐设备，还应融入

更多的文化内涵。为了突出主题，可以为景区主题提供生动的故事或神话，如杭州宋城就是以水浒为主题，还原了许多小说里的情节，渲染了主题氛围；还可以举办与主题相关的活动、节日，如宋城的“宋城千古情”表演，迪士尼的“卡通人物巡游”。另外，主题公园还可以分区体验，以大主题分出相关的小主题，在公园内分区体验，如北京欢乐谷以历史文化体验为主题将景区分为：峡湾森林区，亚特兰蒂斯区，爱琴海区，失落玛雅区等。

（三）借鉴国外经营理念，提高服务质量

高质量的服务可以给游客带来良性的旅游体验。主题公园的经营理念应以人为本，探究游客的体验需求，提高游客的旅游体验度。在这方面，国内的主题公园需要借鉴国外人力资源管理经验，加强对员工的综合素质培养。如日本迪士尼，其良好的服务体现在各处细节上，甚至连打扫园区的清洁工都会帮游客拍照，或者在游客有需要时，帮忙照看孩子，甚至懂一点外语，用于和外国游客进行最简单的沟通交流。

（四）改变主题公园传统盈利模式

中国大多数主题公园仍将门票收入作为主要收入来源，其他衍生品的开发尚处于初级阶段。主题公园一旦具有鲜明的主题，便可衍生出一系列成功的旅游商品，如迪士尼乐园。因此改变主题公园传统盈利模式，不再只依靠门票收入，还需要突出主题，树立品牌。另外，提高餐饮住宿在主题公园收入的比例也十分重要。

（五）融入中国文化特色，打造民族特色主题公园

主题公园一定要融入文化内涵，建立独特的主题。中国文化源远流长，有很多的神话传说和文学巨作。融入中国文化特色，打造民族特色主题公园，加强旅游景区的不可替代性是国内主题公园发展的趋势之一。如杭州宋城、开封清明上河园。开封清明上河园在主题公园不景气的大背景下依旧能保持年年盈利，经营业绩突出的重要原因在于其主题定位的成功。

第三节　我国旅行社危机管理现状及应对措施

一、旅行社危机管理现状分析

（一）旅行社人才危机

1. 人才流失现象严重

据有关统计，旅游企业员工的流失率高达 20%以上。2003 年，国家旅游局人教司对旅行社人力资源调查的统计数据显示，在持证导游中，目前已不再从事导游工作的有 65471 人，占 33.2%。其中，资格导游的流失率为 45.3%，初级导游的流失率为 6.4%，中级导游的流失率为 14.6%，高级导游的流失率为 10.1%，特级导游的流失率为 37%。一线导游无基本保障，“零负团费”现象屡现，导游只能通过增加自费项目或者通过强制购物拿佣金获得收入，导致导游社会地位低下，造成恶性循环。自 2013 年《中华人民共和国旅游法》出台之后，导游获得基本工资及相应社会保障的现象有了明显改善。旅游行业是朝阳产业，前景良好，但是相关法律法规仍然不完善，保障导游权益的道路仍然很漫长，人才流失严重仍然是旅行社面临的一大问题。

除了一线工作的导游人员，旅行社其他部门也面临着人才流失与人员流动性大的困扰。2006 年是中国允许设立外资独资旅行社的头一年。外资旅行社进入中国旅行社市场，中资旅行社的业务骨干大量流入外资旅行社。人才的高流动性和高流失率为旅行社的人力资源管理带来了很大的压力。

2. 从业人员素质偏低

目前我国旅行社的各类专业技术、营销人力资源管理等人才数量远远不能满足旅行社自身及我国旅游业的发展需要。特别是近年来，随着我国入境旅游业务的不断扩展和出境旅游业务的迅猛发展，通晓外语、能够熟练掌握出境游业务的经营人才，擅长同外国领事馆打交道，在异国有迅速处理突发事件能力的高端旅游专才难觅更是业内不争的事实。

在庞大的导游队伍中，持资格证和初级证者占绝大多数，为 96.3%；持中级、高级和特级证者所占比例极低，仅3.7%。导游队伍整体学历素质偏低，据有关数据统计，导游队伍中高中、中职、中专学历者占41.7%，大专学历者占39.4%，本科以上学历者占18.9%。外语类导游人员的学历比中文类导游稍高一些，但大专及以下学历仍占52%。

3. 人力资源管理薄弱

旅行社人力资源管理观念滞后，机构设置不完善。在多数旅行社中，一般都没有专门的人力资源部门，人事事务仅由办公室代为处理；对于人力资源管理的认识也仅仅停留在员工招聘，简单培训和工资待遇及劳动合同等方面，很少涉及职业系统培训；有些旅行社口头上说尊重人才，实际上却更加相信经验，对知识和人才缺少强烈的需求。许多新导游进入旅行社之后，直接在老导游的带领下进行实践，因而缺乏专业知识上的培训和导游知识系统体系的构建。

旅行社人力资源管理制度简单化。旅行社企业规模普遍较小，一人从事多项工作的现象大量存在，计调工作日上班、周末带团的现象屡见不鲜，许多员工在担任计调的同时也是业务员；员工工作内容较灵活，绩效考核难度大。人力资源主管不对本企业的人才状况做研究、分析，缺乏对人才的长远规划。

人力资源整体素质有待进一步提高。随着我国旅游业的发展，生活水平的提高，旅游者的需求多样化、个性化和体验旅游成为越来越多的旅游者的诉求，希望享受到更高质量的旅游服务。与此同时，电子商务旅游也在蓬勃发展，已逐渐融入传统的旅行社，但旅行社行业内人员平均素质及学历偏低，已不能适应旅游者越来越个性化的需求，从业人员队伍素质成为制约产业发展的薄弱环节。

（二）产品与价格危机

1. 产品危机

随着我国经济水平的发展，人们生活水平的提高，购买力不断增强，旅游需求也在不断地发生改变。现代社会中，人们更倾向于定制游、个性游、体验游，与传统的跟团游大相径庭，对于旅游产品的要求也在不断提高。但是长期以来，我国旅行社的旅游产品以团体、全包价和观光旅游为主，旅行社缺乏产品开发的能力，没有长远的经营战略，造成市场中旅游线路同质化的现象大量出现。我国旅游产品普遍存在着产品标准化程度较低，甚至还有大量的低劣产品，在旅游市场上出现产品质量危机，严重危及旅行社的经营与发展。旅游产品具有相似性，一旦推出，在市场上获得良好的反响，鱼龙混杂的旅游市场上便会出现各个价位的同类旅游产品。在资金、人才等因素的影响下，各大旅行社也会放弃开发新的旅游产品，从而转向打造相似的旅游产品参与市场竞争。因此，旅行社经营的旅游线路产品一直集中在相对比较成熟的线路上。

2. 价格危机

旅行社同样面临着严重的价格危机，主要表现在旅游产品的价格危机上。从外部条件来说，政府的政策法规调整，新的竞争对手出现及低价策略的应用都会影响到旅行社产品的价格；从内部条件来说，旅行社本身条件、实力、规模的限制，使旅行社产品的价格居高不下，在激烈的市场竞争中处于劣势。以上这些因素都会造成价格策略上的失误，引起旅行社产品的销售困难，市场占有率急剧下降。旅游业市场的不完善，法律法规的不健全也导致了许多“零负团费”“一元游”等现象的出现，部分旅行社以低标准、低价格恶意压价，不仅使得其他旅行社面临价格危机，而且造成了旅游市场的进一步混乱。

（三）品牌与信誉危机

旅游企业的品牌和信誉是在长期的服务中，其产品和服务给旅游者和潜在旅游者带来的整体形象和评价。产品质量、服务保证、宣传与现实之间的差距等原因都会损害旅行社的整体形象。

我国旅行社行业目前广泛采用租赁承包的经营方式，行业内一些承包者常常经营不规范甚至违法经营，使得旅行社行业的一系列信誉危机事件频频发生。这不仅影响了单个旅行社，在更大层面上更是对整个行业造成了重大影响。近年来出现在旅游市场上的一系列旅游投诉事件，涉及的黑社，超范围经营，非法、变相转让许可证，零团费和负团费，虚假旅游业务广告，黑车，野导，私拿私授回扣等现象，殃及了所有的旅行社，就连老牌、名牌旅行社也不断受到牵连。这些都导致某些旅游企业信誉急剧下降，给旅行社的信誉和声望带来极大的负面效应。

（四）合同与财务

1. 合同危机

合同是当事人或当事双方之间设立、变更、终止民事关系的协议。依法成立的合同受法律保护。当旅行社与旅游者签订合同后，旅行社必须对签约旅游者负责。旅游行业涉及许多其他部门，例如交通、餐厅、酒店等部门，在旅游活动过程中，危机隐患无处不在。但是由于旅行社与旅游者是第一合同关系，旅行社对旅游者有直接责任。因此，旅行社存在合同危机。

2. 财务危机

旅行社的财务危机是指旅行社的财务状况极度恶化，无力支付到期债务或基本费用的一种经济现象。旅行社财务危机是指由于股东或主要债权人提出偿债要求，旅行社资不抵债而陷入财务危机；二是指由于一些不正当竞争因素的影响，例如目前我国旅行社普遍采用接待社先垫付资金的合作方式，造成旅行社之间、旅行社与相关单位之间相互赊账情况较多，再加上各种不稳定因素的存在，旅行社财务出现亏空、入不敷出的危机。

（五）突发事件危机

旅游业是敏感度很高的产业，涉及多个产业，在经营过程中的不确定因素很多，风险频繁。首先是不可抗拒的自然灾害，如地震、水灾、火灾等，再就是人为造成的事故，如人身伤害、行程变更、刑事案件、疾病及财产损失、交通事故等。各个不确定因素都会造成突发事件危机。

二、影响旅行社危机管理因素

（一）旅游活动的特殊性

旅游活动是在具体的社会环境中发生和进行的。由于旅游者在旅游活动的开展过程中要同这一环境中的许多方面接触和打交道，环境中的一切现象都会程度不同地表现于旅游者的旅游活动中，因而旅游活动的开展也便成为社会环境中多种现象的综合体现。旅游活动是一种社会现象、文化现象、经济现象、政治现象的综合体现。在旅游活动的过程中，旅游者是主体，会与不同国家、不同地区的人们打交道，接触旅游目的地社会的文化，也会与旅游经营者发生经济交易关系。旅游活动的涉及对象广泛，不可控因素多，因此发生旅游危机概率大。这些因素的变化都会影响到旅游者对目的地的选择，而这些并非某一个旅行社企业能够掌控的，更多的时候只能被动地接受。旅行社作为旅游产业中的一个重要部门，必然会因此而受到严重的打击。

（二）旅游业及旅游产品的特点

旅游业是一个综合性产业，涵盖了吃住行游购娱等各个方面，其综合性表现在两个方面：一是以旅游目的地为单位的旅游业中，各个旅游行业的命运是联系在一起的，二是旅游企业所有权的分散性以及各企业为追求自身利益而各行其是的自由性，使得他们之间不存在自动的协调。

同时，旅游业也是一个脆弱性的产业，它的发展会受到各个因素的影响，从外部环境看，无论是在社会环境、经济环境、政治环境还是自然环境方面，一旦出现情况重大的不利变化，都将会影响旅游业的发展。从旅游业的内部看，旅游供给的各个组成部分在数量和质量上都需实现协调发展，其中任何部分出现脱节，都会造成整个目的地旅游业的供给失调。

旅游产品的特点主要有综合性、无形性、不可转移性、不可贮存性、生产与消费的同步性，这些特征使得旅行社企业面对的危机较为频繁和复杂。大多数旅游者在前往某一目的地旅游时都不止考虑一项服务或产品，而是将多项服务或产品结合起来进行考虑。当由于一些危机的产生使其中的某项产品需求不足或供给不足时，整个综合产品的需求就会不足，从而使整个旅游产业链上的所有企业遭受巨大损失。其中旅行社企业作为整个旅游产品的最后加工组合处，所承担的风险并不是单一的，除了发生问题的组成产品所带来的危机外，还有其他连锁反应的相关产品所带来的危机。

（三）旅行社自身条件因素

在我国，旅游行业起步较慢，旅行社起步晚，但是在旅游需求日益增长的条件下，旅行社呈不断增长的趋势。旅行社从业人员薪酬制度不完善，导致很多旅行社从业人员的价值观发生扭曲，只注重数量而不注重质量。在实际的操作过程中，旅行社的经营管理也存在着很多问题，员工职业培训体系不完善，从业人员素质偏低，人才流失问题严重，人力资源管理薄弱等问题都对旅行社的危机管理有一定的影响。

三、旅行社危机管理应对措施

（一）加强人才管理意识

1. 建立完善的薪酬制度，加强导游员管理

对于专职导游，旅行社应使旅游购物佣金合法化和公开化，适当提高专职导游的基本工资和带团津贴，以优化导游的薪酬结构；发挥旅行社联合体作用，共同制定并执行导游服务质量标准和规范，对专职导游进行相对透明的市场监管；逐步推行“全员所有制”。

对于兼职导游，旅行社应与兼职导游签订合同，增强兼职导游的责任感；实行质量保证金制度，不断督促导游员认真工作；建立导游员的个人档案；组织培训导游员，以确保兼职导游员的素质；定期开展兼职导游例会，促进导游员之间的交流与学习。

2. 注重员工招聘，加强员工培训，提升员工素质

旅行社应加强员工招聘，通过内部招聘和外部招聘填补人力资源空缺，在晋升内部工作人员的同时为企业的发展注入新的血液。员工培训有助于员工学习与工作能力的提升，通过培训，提升员工的知识、技能，以对工作绩效起到促进作用。在员工培训中，全体员工应是培训的对象，通过对员工的培训，改善旅行社员工的工作业绩，提升企业的整体绩效。

通过对一线员工以及高层员工的培训，提升旅行社整体员工的素质，同时打造旅行社特有的企业文化。通过企业共同价值观的构建，培养一种良好的人际关系和工作氛围，让员工在共同价值观的约束下，自主管理，自觉工作，增强对企业的归属感和忠诚心。

3. 构建完善的激励制度，增强员工的劳动积极性

旅行社应建立完善的激励机制，把利益激励和精神激励结合起来，除了能使员工在旅行社分享到业绩奖励、年终利润、个人股份等外，还应使员工能从工作本身获得激励，并得到职业阶梯设计、职务晋升、业务培训以及工作选择

的机会，使员工有机会参与管理，增加荣誉感、集体感。旅行社应该尽量谋求导游和旅行社之间利益的一致性，在保证企业利益的同时，要保证导游的长远利益，建立与导游“风险共担，收益共享”的机制。

4. 加强旅行社质量管理，加快产品创新，摆脱价格战

首先，针对旅游者市场需求的不断变化，旅行社应在产品设计上进行创新和调整，针对市场需求开发个性化、体验化产品，加强对旅游线路和旅游行程设计安排质量的掌控，加快产品创新，摆脱价格战；加强产品销售质量的管理与产品促销质量的管理。其次，应该提高旅行社的旅游接待质量，这不仅要求提高服务人员态度的管理，而且应该提高导游讲解水平以及处理突发事件的能力。再者，加强环境质量标准的管理，旅行社应该结合国家或者行业标准建立一套自己的标准，并通过采取签订合同的方法来保证产品的优等质量。

（二）树立良好形象，打造旅行社品牌

1. 注重消费者的信息反馈

旅行社应注重建立良好形象，这不仅要求产品质量、服务态度等各方面的加强与完善，也要求旅行社对游客信息作出及时的反馈。在面对投诉时，善待消费者的投诉，要注意收集处理、反馈，迅速隔离危机，查明事件原因，采取相应的应急措施，把危机的起源与市场、大众隔离，在企业内部把问题消化掉。避免传媒曝光，将危机化解于萌芽中。

2. 与媒体建立良好关系，保持良好合作

当今社会是个信息化时代，媒体在舆论传播过程中的作用巨大。仅仅靠企业自身的力量收集分析是远远不够的，当旅行社出现舆论传播等危机情况时，与媒体保持良好关系的重要性显而易见。旅行社应迅速向传媒发布企业的正面信息，掌握危机处理的主动权。

（三）构建危机管理体系

1. 建立旅行社危机预警系统

建立旅行社危机预警系统，及时收集相关信息并加以分析处理，分析旅行社的内外部环境，捕捉旅行社危机发生的征兆。

2. 制订突发事故预案

针对突发事故危机，旅行社可防患于未然，制订交通事故处置预案，治安事故处置预案，火灾、水灾事故处置预案，食物中毒处置预案，地震应急处理预案等。并制订成册发给每个导游，并对他们进行相关的急救知识的培训，以加强导游人员突发事件的应急处理能力。

3. 培养全员危机意识

首先，在思想上，旅行社在进行危机管理时应树立一种“危机”理念，使旅行社经营者和所有员工对激烈的市场竞争充满危机感，理解旅行社有危机以及旅游产品有危机。其次，树立危机意识不仅要在思想上做好准备，而且要在行动上体现出来，因此，旅行社要对管理人员和员工进行危机的教育和培训。

第四章

旅游舆情危机管理

随着互联网的发展以及人民生活水平的提高，大众旅游逐渐成为趋势，网络舆论对旅游的影响也越来越大，甚至成为旅游地兴衰的关键点，负面的网络舆情危机对旅游地企业、政府等造成深久的影响，对网络舆情危机的管理成为管理者必修的课题，因此网络旅游舆情危机管理的研究具有重要意义：不仅关系到旅游业的发展，更体现政府的执政能力和公共形象。

网络舆情危机是经由网络引发或推动，在短时产生影响的危机事件，具有较高的关注程度和影响力。旅游舆情危机是由旅游活动直接产生或与旅游相关的舆情危机，往往导致游客产生对旅游地的负面印象，甚至导致游客改变旅游消费行为意向，对旅游业发展造成冲击。与普通旅游危机事件相比，网络旅游舆情危机在传播上更快、更广，形式更加立体化、多样化，更具感染力，在匿名的网络空间，网名意见观点更加情绪化和极端化，增加了应对难度，若应对不当容易引发次生危机。

第一节　自媒体时代旅游城市危机管理对策研究

一、“7·19 台湾游览车火灾事故”舆情传播

7·19 台湾游览车火灾事故是指 2016 年 7 月 19 日 12 时 57 分许在中国台湾地区二号公路发生的重大火烧事故。事故造成司机 1 人、导游 1 人、大陆乘客 24 人共 26 人死亡。据台湾媒体报道，桃园检方调查认定，苏明成是因为性侵案被判刑与家庭压力等因素，预谋自杀纵火。

事件发生短短 3 个小时关注度迅速升高，仅“台湾游览车起火”话题阅读就达 5452.7 万次，评论达 1.6 万次。据天涯舆情中心监测，微博主要舆论平台作用明显，占 89.2%，值得注意的是，各媒体平台对事故的跟进报道，使该事故网站来源分布较均匀，除微博外，新浪网、凤凰网、今日头条、天涯论坛等占比相当，形成“一主多均”态势。

根据分析，祈福等内容构成了话题整体的语言情绪，非敏感内容仍然占据主导，占比 78.8%。敏感内容占比较低，达 21.2%，主要包括对“司机逃生”的气愤、赴台死亡之旅、呼吁暂停台湾游、台湾人见死不救以及台湾当地论坛对事故的负面评论等，需要注意此种情绪极可能扩大，演变成两岸舆论的攻讦。

二、自媒体时代旅游目的地危机的特点

（一）突发性

旅游危机是在无法预测的情况下突然发生的非预期事件，并且通常会给许多相关企业造成一定的危害。台湾大巴起火事件是突然发生的非预期事件，给台湾当局相关企业造成了一定的危害。

（二）紧迫性

旅游危机在爆发之后，会以迅雷不及掩耳之势的速度发展，往往会造成一系列的问题，加之一些新闻媒体的介入，使旅游企业在受到冲击的时候很难有

时间去控制这些突发的问题。台湾游览车起火事件发生后，该事件受关注度高。

（三）危害性

旅游危机含有“蔓延效应”，在引发危机的同时，往往会导致其他类型危机爆发，从而使危机的破坏性进一步蔓延。比如，旅游机构在物质上遭到了严重的损失，那么各种预期的目标就会受到影响，并且公众的心理也会产生不安全感。有些游客会因为台湾发生此次大巴起火事件而放弃去台湾的旅游计划，因为此事件已引起他们内心的恐慌，引起公众心理的不安全感。

（四）高度不确定性

旅游目的地危机的发生难以预测，因为自然灾害具有极大的不可抗性，而突发事件又具有偶发性，使得管理者难以预测潜在危机发生的时间、地点等。此外，旅游目的地的危机事件发生后，它的发展轨迹和发展方向也没有规律可循，危机事件发生的时间、地点、控制措施的不同都会产生不同的发展方向，这就使得旅游目的地危机具有不确定性。

（五）连带性

旅游目的地处在社会大环境之下，大环境的变化在一定程度上会导致旅游目的地危机的发生。此外，其他类似旅游目的地危机的发生也会造成本地旅游目的地爆发危机，从而引发“连带效应”。

（六）反复性

由于旅游目的地危机具有连带性和不确定性，在进行危机事件的管控过程中危机极易发生反复，已经缓和的危机很容易因为新危机的连带而死灰复燃，这种反复性使旅游目的地的危机管理极具挑战。

（七）双重性

旅游目的地危机不仅会产生严重的消极影响，还具有一定的积极影响。首先，旅游目的地危机的发生暴露出了景区管理和发展的缺点，相关部门会因此而改进工作，营造一个良好的旅游氛围。其次，旅游市场具有替代性，社会大众会因为一地的旅游危机而选择其他的旅游目的地，从而促进了其他景区的发展。最后，旅游目的地危机发生后的重建工作可以抓住机会开发新的旅游项目，采取有效的营销手段吸引新的消费群体，从而促进旅游目的地的可持续发展。

三、建立旅游城市危机传播管理机制

互联网的普及和新媒体技术的发展已经成为民众最便捷的利益表达诉求和赢取公众支持的通道，提供了“人人皆可发言的机会”，危机传播管理需要信息管理和关系管理并重。信息管理以信息生产、加工和传播为核心任务，关系管理则围绕关系的建立、维护和改善开展工作。在台湾游览车火灾事件发生后，台湾当局缺乏完善的危机传播管理机制，在网络舆论引导上和舆情处理上被动迟缓导致不断发酵，成为网友和媒体质疑和群殴的典型，也对该旅游城市的形象带来严重的负面影响，因此，旅游城市建立良好的危机传播管理机制显得尤为重要。

（一）危机潜伏期的准备

1. 树立危机风险意识

树立危机风险意识，进行风险识别，组织在协调运作中发现的风险要素，及时确认风险的危害性和发生概率，要求组织开辟畅通的信息渠道，建立民主的沟通机制。

2. 建立危机管理团队

建立有效的危机管理团队，进行合理的人员配置、良好的内部沟通和培训演练，形成全员预警、应对危机的意识和能力。

3. 重视新媒体和公众舆论的力量

当新媒体建立了社会对话机制，并赋予公众充分的话语权时，公众会以数量优势和道德优势——动辄成百上千的网民以“人民”的名义对传统权威进行全景围观和舆论审判。7·19台湾游览车火灾事故一开始相关部门就没有从官方微博上来监测舆情，没有在网络发酵之前进行干预和引导，丧失了赢得舆论阵地的主动权。

4. 充分发挥传统媒体的作用

传统媒体几十年来积累的资源优势具有极大的权威性和可信度，在新闻报道的深度、广度、高度方面，在提供调查性新闻报道、专题新闻报道等“后新闻方面”具有极大的优势。7·19台湾游览车火灾事故经过网络疯狂传播后，使得此事件继续发酵扩散。

5. 要有高度的舆情敏感度

建立舆情关键词数据库，运用大数据技术进行信息的搜集和监测工作追踪危机议题，监测媒体和公众议题，高度关注公众的认知、态度和行为，为危机管理后续工作打下基础。台湾游览车火灾事故发生后的舆论最高峰出现在2016年7月19日，当天共有20868篇相关舆论；后续舆论主要集中在境内，微博类型的相关舆论最多，主要来源于新浪微博、百度贴吧、中国新闻网、大众网、今日头条等几大站点。

（二）危机爆发期管理

7·19台湾游览车火灾事故发生后，当地政府就应该在第一时间做出反应，取得舆论的主导权防止事态迅速扩散和恶化。

1. 把握第一时间

第一时间，也被称为“黄金一小时”。就危机传播而言，大多数人在接受信息时有“先入为主”的趋向。在新媒体时代，信息的传播呈现出信息传播的快捷性，信息通道的互动性，信息表达的立体性的特点，特别是涉及公众切身利益的社会热点问题，公众关注度高、转发速度快，并且呈滚雪球式的发展，因此，政府首先应核实微博爆料信息，确定其可信度，迅速利用微信、微博等“微发布”形式向公众表明立场和态度——即表明政府已经启动了相应危机管理机制来处理，在舆论还处于问题发生的阶段通过议题设置来引导舆论。

2. 评估危机，启动危机传播预案

安抚公众，尤其是事件的当事人，缓和对抗，以充满人文关怀真诚地取得公众的谅解，争取积极创造化解危机的可能和最佳结局。

3. 研判舆情，进行多种形式的新闻发布

危机事件发生后，政府坦诚开放地向媒体和公众阐明事件的相关信息，如通过现场新闻发布会、在线访谈，充分利用媒体影响力，一方面是地方媒体，报道的内容经过调查核实有利于抵消可能出现的流言，从客观上为危机的处理营造有利的舆论环境。

4. 多方沟通，迅速化解

争取其他公众、社团、权威机构的合作，协助解决危机，增加政府在公众中的信任度。

（三）危机处理期管理

在危机处理期，不仅要对数据、资料进行汇总——搜集整理来自公众的反馈和意见，搜集整理媒体的相关报道，对工作的得失进行反思和总结，还要从长远出发重塑形象，从正面进行整合传播。

1. 修复政府形象

赔偿受害游客，并进行精神上的抚慰，将事件的赔偿和解决方案公布出来。让企业恢复正常的经营管理，让社会公众和游客对旅游目的地消除不安感，重拾信心。政府要切实明确各部门职责，加强行政职能部门沟通配合，强化综合执法，解决执法公正，加强问责追究，设立一站式便民服务窗口，做到“处置好、服务好、保障好、管理好”，强化服务意识，通过各种宣传塑造优化形象，构建信任预期。

2. 开展风险传播和公众教育

危机过去后，抓住机会开展风险传播和公众教育，总结经验教训。针对台湾游览车此次火灾事件，游览车公司为了避免小偷偷窃锁住了大巴的安全锁，这是不符合台湾公路局规定的，说明旅游从业者和相关行业从业人员安全意识低下，游客也缺乏足够的安全意识和知识。应同时开展相关专题或主题教育，从而营造良好的旅游环境，赢得游客，拓展客源市场。

3. 重塑旅游城市形象，进行整合传播

政府部门在重塑旅游城市形象上要进行创新，加强宝岛台湾形象的内部建设，通过全方位、立体化全媒体整合传播城市品牌形象。第一，通过官方网站、论坛、电商平台、“三微一端”、新闻报道、软文传递个性化、碎片化的旅游城市文化信息，消除公众的心理阴影，重新与公众建立良好的情感；第二，政府与公众、线上与线下、传统媒体和新媒体引导传播正面信息的热门话题；第三，组织具有城市特色旅游系列主题活动、节庆活动或大型赛事，打造城市名片，固化和宣传城市口号，营造良好的人文环境，规范旅游市场，净化旅游环境，强化旅游管理人本化，旅游环境系统人性化，旅游服务亲情化，建立良好的品

牌形象和市场口碑。

第二节 杭州出租车宰客的旅游舆情危机管理策略

一、杭州出租车宰客引发的舆情影响和形象破坏

G20 峰会过后杭州游客大增，部分出租车司机由于生意好转，心态转变，再加上网约车被限制之后，“宰客”“挑客”“拒载”等陋习频频出现。有乘客反映，西湖景区出租车拒载、挑客、议价、宰客等行为时有发生，孤山路上的问题尤其集中，甚至出现了“运管局工作人员在场也打不到车的情况”。据杭州市运管部门获悉，10 月以来，该部门已接到针对出租车的投诉 100 多起。现在网上对杭州出租车乱象评价为“杭州出租车市场很丑”。媒体暗访发现，出租车拒载与乱收费现象很严重，“运管帮忙都拦不下”。这样的“杀猪”现象不仅引起了市民的反感，也在给杭州市的旅游形象抹黑。在网络媒体高速发展的时代，网络媒介的突出特点是便利、低成本和低门槛。游客在杭州遇到出租车宰客时，更乐于在网络上发表自己的看法来表达自己的不满，将问题公布于众。但是舆情如果不能被合理控制，现代日益壮大的媒体和新网络社交工具利用这个空隙将出租车宰客事件进行炒作，事态将会越发严重。在没有官方说法之前，会引得旅游者的猜忌，让游客对出租车宰客感到恐惧。

若杭州出租车宰客未得到相关部门的重视，在今后的发展中势必会威胁旅游的正常有序开展。在旅游同质化竞争日益加大的背景下，游客们会选择更让人放心的旅游景区出游。那些发生旅游危机的城市若没有积极妥善处理问题并站出来明确表示自己的态度，就很难让旅游者有信任感。若不能及时遏制舆论的发展，当地的旅游业肯定会遭到打击，当地的旅游形象也会被拉低。

二、杭州出租车宰客现象原因分析

（一）对网约车的限制过严

网约车新政出台，大大提高了私家车从事网约车运营的门槛。运营车辆与

私家车相比，年检更严格。私家车转成网约车，要取得网约车运营资质和网约车驾驶员资格。新规还指出了网约车行驶里程在规定的范围内。在没有合理规范网约车之前，网约车有利有弊。一些网约车司机的不法行为的确需要严惩，但总体来讲，网约车方便了人们的出行。而如今，网约车受到限制，出租车行业有恃无恐，几乎可以称得上“垄断”。在这样的形势下，出租车市场变丑，压榨乘客就成为普遍现象。

（二）相关部门重视不足

在游客频频投诉出租车“宰客”“挑客”“拒载”等陋习后，相关部门重视不足，游客叫苦连天，而且相关部门没有重视引导舆论的发展。杭州出租车的“杀猪”现象是对旅游业的巨大冲击。相关部门在舆论处理上反应过慢，不少对杭州抱有好感的游客慢慢失去信心。如果相关部门重视不足，将很难约束出租车行业内的陋习，无法从根本上解决“顽疾”。出租车行业不仅要做到自律，还要靠各行各业的监督。目前在出租车行业普遍反映的问题就是相关部门对出租车公司的监督和管理力度不够。在监督和管理这一块儿，不仅需要相关部门的努力，还需要靠群众的力量。

（三）杭州出租车司机素质太差

由于前段时间杭州市的出租车行业出现了一定的困难，人心开始浮动，所以一些出租车行业在管理上就出现了松懈，甚至一些公司连每个月一次的学习教育都取消了。G20 峰会的召开使得杭州游客大幅增长，再加上网约车又受到了限制，很多出租车司机在得知好消息后本性开始暴露。趁机漫天要价，以宰游客的方式赚取了所谓的外快，多年来的顽疾开始复发。他们沆瀣一气、唯利是图，完全忽视了游客的感受，大大损害了杭州的旅游形象。他们只看到了眼前的利益，却忽视了因为出租车乱象而导致旅游业受到冲击，给杭州的旅游宣传形象抹黑。

（四）监督和管理力度不够

出租车行业不仅要做到自律，还要靠各行各业的监督。政府部门和相关部门在监督和管理这一块儿做得相对薄弱。一方面出租车公司不应该因为行业不景气就对内部管理放松警惕，相关的体制亟待改善。另一方面，相关部门的监督和管理不够是深层的原因。游客在遭受杭州出租车行业“杀猪”后，难免对杭州的出租车心有余悸。在监督和管理这一块儿，不仅需要相关部门的努力，还需要靠群众的力量。

（五）政府响应不及时

与传统媒体不同的网络媒体正在迅速发展。旅游舆情有利有弊，旅游者在某个城市游览后，若旅游体验好，便会通过网络社交媒体分享给更多潜在的旅游者。通过口碑营销，将来会有越来越多的旅游者来这个城市参观游览，这在一定程度上给当地旅游业带去了新游客，增加了当地的旅游收入。然而，若杭州市出租车宰客，而且服务态度不好，就会给杭州的旅游形象起到反面宣传效果。游客会在网络社交媒体上表示自己的不满，并经过社会大众的转载和评论，使全国各地的游客对杭州出租车产生不好的印象。在旅游舆情危机发生后，政府和相关旅游部门并没有在第一时间抓住舆情敏感度把握时机站出来应对旅游舆情危机。他们也没有明确表明自己在本次旅游舆情危机中的态度，摆明真相。

（六）相关部门与旅游者缺乏沟通

一些旅游者在杭州经历出租车“宰客”事件后，受到的不只是财产上的损失，更是心理上的伤害。社会大众在看到被宰游客的新闻报道后，会对当地政府和相关部门的处理旅游危机能力产生怀疑。在日后的旅游过程中，他们可能会担心自己的合法权益受到损害。然而，政府和相关部门在了解旅游舆情危机事件后，没有及时慰问被宰游客并给予旅游者必要的补偿，当地旅游局未充分展现自己的亲和力，缺乏与旅游者进行必要的沟通，对被宰旅游者情况不了解。

三、杭州出租车宰客舆情危机应对策略

（一）适当放宽对网约车的限制

新政的出台，很大程度上限制了网约车，也改善了网约车存在的不安全问题。在合理规范后，能在很大程度上改善整个杭州“打车难”的问题。但是过度的限制反而会导致网约车行业一蹶不振。如果地方交通管理部门能在新政基

础上适当放宽对网约车的限制，比如降低对网约车运营车辆的总行驶里程数及使用年限的限制，使更多的网约车上路经营，一方面可以与出租车形成竞争，另一方面，可以增加乘客的选择，方便了出行。除此之外，在孤山路可以增设一定的公交点，来方便人们的出行，缓解交通压力。

（二）建立红黑名单制度

很多出租车司机因为没有被运管部门实抓而心存侥幸。乘客通过网络反映出租车存在的问题，媒体的暗访也将出租车的陋习曝光。对于那些没有达到每月规定学习时间的出租车一律不准正常运营，对于那种“宰客”“挑客”“拒载”和服务态度恶劣的出租车司机一定要采取严打的态度。在景区、火车站“不打表，乱叫价”的出租车司机，一经乘客举报，在证据确凿的情况下应一律拉至黑名单，吊销经营许可，终身不得再从事出租车的行业。同样，对那些表现好的司机应给予奖励。政府应将红黑名单制度和其他实时的准确信息向公众发布，争取在“黄金时间”内应对旅游舆情危机事件。

（三）培养旅游危机意识，加强管理培训

提高旅游危机意识，加强管理培训是很有必要的。相关部门在平时就应该树立旅游危机意识，充分了解旅游危机的特征、发生时间和应对方法。出租车行业管理人员在内的整体从业队伍应该进行必要的考核和整肃。相关部门应定期对出租车公司的运营情况进行考察，加强从业人员素质管理的培训，保证每一个从业人员都能有良好的素质和服务态度，将日常工作和培训联系在一起，为乘客提供良好的服务。

（四）加强监督，合理利用投诉网络系统

政府和相关部门应该加强监督管理，督促出租车行业规范市场。一方面，应建立一定的奖励机制，将举报“宰客”的出租车司机作为每一个游客和市民理所应当、给予鼓励的事来提倡，相信会有很多乘客愿意去抓出租车司机的陋习，让杭州出租车的运营环境和谐美好，服务质量能有很大的提升，服务态度能有较大的改善。另一方面，游客可以通过网络投诉系统来进行投诉。相关部门在收到游客的投诉消息后，要采取相应措施进行及时处理。

（五）积极响应，掌握宣传报道的主动权

在旅游危机爆发期间，相关部门一定要掌握宣传报道的主动权。旅游舆情危机管理重视反应速度，应秉持公正公平的态度，将信息透明化、公开化，以最快的速度向公众传达最新的消息，安抚公众的情绪，维持政府的公信力。公民有知情权和发言权，政府应在旅游舆情危机失控前疏导民意。选择合适的发言人、合适的发言地点，准备好如何合适地回答公众的问题，解开他们心中的疑惑，正确引导旅游舆情危机的发展走向。除此之外，还应该建立一定的旅游舆情危机发布信息的机制，力求信息发布的及时。总之，在面对旅游舆情危机管理时，要做好旅游危机信息的新闻发布、微博发布等，将信息及时准确地传递给社会公众。

（六）建立旅游舆情危机的反馈平台

当地政府在杭州出租车宰客这样的舆论背景下，应该与被宰的旅游者进行及时的沟通，给予适当的补偿。应通过建立一个有效旅游舆情危机的反馈平台，在第一时间搜集网络民意，在力所能及的范围内先做出一个内部的调整，尽可能去缓解旅游者的情绪，再做出相应的对策去解决他们所反映的问题。这个平台的重要性主要体现在旅游者能够得到官方部门的关注，并能得到满意的答复。在这种情况下，旅游者一般不会通过网络社交媒体去表达自己的不满来引起社会的关注，而是在政府建立的有效反馈平台上得到满意答复之后，再去向社会大众宣传这个旅游舆情危机的反馈平台的有效性和实时性，从而大大提升了相关部门在旅游者心中的地位。危机管理是一门艺术，政府最应该做的是不断地总结分析旅游者反馈的信息，总结经验，提高处理旅游舆情危机管理的水平。

四、旅游地的形象修复

若杭州出租车的“顽疾”未得到及时处理，政府和相关部门未及时发布准确的官方消息，舆论的走向已经失控，那么在旅游舆情危机事件发生后，相关部门应在分析自身不足的同时，努力去解决后续的问题，必要时要站出来向公众致歉，表示失职之处，求得更多旅游者的谅解和认可。不仅如此，相关部门应在吸取教训后，完善一套旅游舆情危机管理措施，争取在下一次的旅游危机

事件中以全新的姿态去及时解决。在网络舆论被有效控制的情况下，网络舆论甚至可以为旅游业服务。社会大众在了解相关部门的实施措施和应对态度后，当地的旅游业也会回暖。

第三节　网络旅游舆情危机管理分析
——以海南宰客事件为例

一、事件简介

表4-1　海南宰客事件回顾

时间	内容	影响
2002年1月28日	因网友发布了新浪微博，称自己朋友在海南吃海鲜被宰，经名人转发，短时间内这个事受到众多关注。	当日微博转发量超过4万次
2002年1月29日	三亚政府官方微博就此事连发三条进行回应，称“三亚市委、市政府主要领导高度重视，批示要迅速深入调查”，又说“今年春节黄金周在食品卫生、诚信经营等方面三亚没有接到一个投诉、举报电话（注：零投诉），说明整个旅游市场秩序稳定、良好。”	当日这三条微博转发近2万次，评论近1万次
2002年1月30日	三亚市新闻办通过其官方微博道歉称，“零投诉”微博表述有误，请广大网友见谅。	缓和舆情
2002年1月31日	三亚方面恳请当事人出面合作，推动调查。 同时，有关官员同时表示：“对三亚恶意攻击的人，将依法追究责任。”	此言行再次引发众多网友议论。
2002年2月1日	三亚政府举行媒体见面会，海南省副省长、三亚市委书记姜斯宪对春节黄金周期间游客反映的海鲜排档、出租车及个别景区“宰客”现象向公众道歉。	暂时压下了众人的情绪。
2002年2月2日	三亚市工商局12315消费者投诉处相关负责人表示，为了防止欺客宰客的行为，三亚市工商局强迫各个海鲜排档老板必须在下单时让消费者签名，消费者认可后才能下厨。	引出亚龙湾“天价菜单”事件

续表

时间	内容	影响
2002年2月7日	三亚市召开政府常务会议，因三亚市工商部门经多方调查取证发现该店确实存在欺客宰客、误导消费行为，将依法吊销其营业执照，给予最高额度罚款。	引向积极舆论

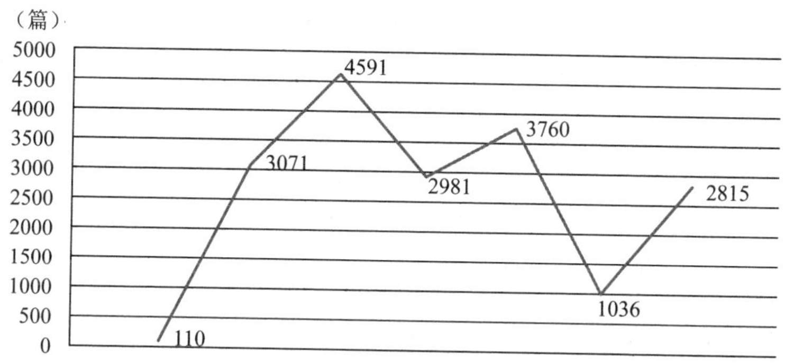

图 4–1　海南宰客事件报道量

从表 4–1、图 4–1 中我们看到，该事件通过微博爆料后，在当日仅 110 余篇的报道，第二天便出现了“井喷式”的关注热潮。随着三亚官方微博“今年春节零投诉”信息的发布，促使媒体的关注度达到第一个峰值，危机公关能力被质疑。

1 月 30 日，三亚官方微博道歉称“零投诉”微博表述有误，使得媒体的关注度有所下降。然而 31 日三亚官员称宰客事件无确切证据将追究责任，使得下降的舆情再次升温；同日，海南省副省长、三亚市委书记就“宰客”现象道歉，遏制了舆情的继续升温。2 月 2 日三亚官员称“只要是明码标价，又有消费者签字，就不能算欺客宰客”的言论再次引爆舆论。

在 2 月 7 日整治后，该事件虽然告一段落，但是对三亚旅游业造成了极大影响。一方面旅游者对其旅游需求不断下降，连续六个月旅游接待人数均呈下降趋势，从 1 月份的 111.07 万人次下降到 6 月份的 63.76 万人次，下降 42.5%；再者，对旅游企业直接表现为收入下降和裁员，宾馆入住率降幅 45%，航班降幅 52%；尤其是三亚的品牌、产品、政府、企业的形象和声誉都受到负面冲击。

二、事件中存在的管理问题分析

（一）忽视网络治理

旅游危机中的网络舆论治理是指狭义的概念，主要包括政府对危机信息的准确传递，正确引导网络舆论，把握网络舆论的发展发现，避免网络谣言的散布。在实践中，三亚官方称春节上班后第一天才发现此事，而此时该消息已经在网络中广泛传播；春节期间正是三亚旅游高峰期，而此时相关部门却放假，不能对网络进行有效监控，错过了处理应对的最佳时机。之后的“零投诉”回应更是一大败笔，陷入极其被动的状态。这一系列举措显示出政府网络治理过程中，缺乏应用技巧，言语表达不慎重，导致失误不断。忽视网络治理是这次旅游危机事件中政府暴露出的硬伤之一。

（二）忽视旅游危机的全过程管理

危机发展的全过程包括潜伏、爆发、消除、恢复。在 2002 年之前，海南的宰客之风早已存在，众多的投诉却没有引起相关部门的重视，也没有将其视为潜伏的危机；量变引起质变，这次宰客事件成为导火索，才意识到问题的严重性；消除过程措施不到位，漏洞众多；最后恢复措施机制不健全。

（三）忽视旅游危机管理体系建设

信息披露不及时，增加了应对难度；其次信息不准确，导致公信力下降。这种显而易见的错误，可见政府部门之间缺乏有效的沟通，缺乏统一的危机应对协调部门，从而导致危机进一步的恶化。

三、网络旅游舆情危机管理策略

（一）危机预防

研究发生危机的深层原因，彻底解决问题，及时消灭潜在的网络旅游舆情危机，是预防和管理的根本。例如，在宰客风波后，据悉有不少网友对三亚“宰客成风”的深层次原因做了揣测和分析。主要有四方面原因：公款消费、低品质旅行团充斥市场、旅游发展模式不合理和政府监管不力。政府应当对这些问题进行处理与改进，贯彻执行《中华人民共和国旅游法》，完善餐饮、购物、交通、安全等地方性旅游政策法规，建立旅游经营者诚信档案等方式，规范旅游市场主体行为，杜绝宰客现象。

（二）舆情应对

舆情管理是对危机事件引发的短时间较密集的网络关注、网络民意进行舆情监测、舆情分析、舆情预警、舆情应对等一系列管理活动。一是要监测与收集信息、完善舆情危机监测体系；二是要对舆情信息处理与分析，建立信息服务平台；三是舆情预警，保证管理主体不推诿责任、不离位缺席，并制定不同风险级别的预警措施；四是舆情应对，针对舆情内容平息负面情绪，控制消极舆论，不回避、不遮掩，以坦诚的态度应对危机。

（三）形象修复

一是承认错误，这是政府存在问题的情况下最好的形象修复方式；二是对信息进行公开，包括澄清或者报告进展；三是通过各种活动方式改善和提升旅游形象，评估形象修复效果，及时沟通、协调和处理。

第五章

旅游服务质量危机管理

第一节　古村落景区旅游服务质量危机管理研究
——以西塘古镇为例

一、西塘古镇概况

西塘镇，位于浙江省嘉兴市嘉善县，江浙沪三省交界处。古名斜塘、平川，距嘉善市区10公里，是吴地汉文化的千年水乡古镇，江南六大古镇之一。西塘全镇总面积83.61平方公里，其中古镇区面积1.04平方公里，人口近8.6万。西塘被誉为生活着的千年古镇，在春秋战国时期是吴越两国的交壤之境，故有“吴根越角”“越角人家”之称，目前已被列入世界历史文化遗产预备名单，是中国首批历史文化名镇，国家4A级景区。

自1996年开发旅游以来，西塘坚持保护为主，开发为辅的宗旨，以打造活着的千年古镇为基本开发理念，开展了以基础设施建设为核心的前期开发历程。从旅游发展伊始，西塘便以各种活动为载体，活跃在各类媒体推介的最前沿。除积极参加各类旅游交易会以外，已连续举办了八届“中国古镇西塘国际文化旅游节”与四届“国际旅游小姐中国总决赛”，全面出击各类宣传媒体。目前，西塘旅游的营销网络有了较为成熟的发展布局，即以长三角为中心，覆盖全国三十多个省市自治区，并建立以东南亚地区为核心的全球销售网络。十年来，西塘凭借良好的知名度从一个名不见经传的小镇，一跃成为中国乃至世界知名的江南水乡古镇典范。

二、西塘古镇旅游服务质量分析

（一）古镇韵味不足，商业化倾向严重

游客对西塘古镇的真实性存在强烈不满，古镇缺乏独特真实的景观建筑、传统的民风民俗和生活方式，取而代之的是沿街的饭店，旅馆、酒吧、咖啡店等，这与古镇应有的古朴和宁静形成巨大反差。街道各种小吃、小饰品的叫卖声也与古镇原有的淳朴民风背道而驰。古镇居民原本传统、朴素的生活方式变成了做买卖等利益性活动。游客在这里感觉不到“活着的千年古镇”的独特魅力和深厚的文化内涵。总体而言，西塘古镇商业化气息较为浓重。

（二）自然环境优美，生态环境保护不够

西塘古镇众多河道都遭受不同程度的污染破坏，特别是作为西塘古镇灵魂的胥塘河，景色与刚开发时形成强烈对比，失去了昔日的清澈见底，取而代之的是污浊发黑，古镇最北端的卧龙桥外围水道布满了生活垃圾和水草。这些不仅破坏了西塘古镇的整体生态环境，也影响了游客的美好体验，还使西塘古镇旅游形象大打折扣。古镇当地居民的环境意识薄弱，宾馆、餐馆肆意排放污水，游客不文明的举止和当地政府管理不当等，都是造成古镇水道景观的破坏及生态环境系统自我调节失衡的主要原因。

（三）导游业务素质较低，服务态度较差

西塘古镇各景点导游在其言行举止打扮，对客服务等过程中业务素质较低，不够专业和规范；导游服务不够细致周到，对待游客不够耐心、友善，导游解说不够全面细致，解决突发事件能力比较低。

（四）旅游商品特色不浓，品牌经营理念淡薄

西塘是嘉善黄酒的产地。西塘黄酒作为国宴酒之一，为我国酒文化增添了浓墨重彩的一笔。因此，西塘黄酒理所当然应作为西塘的特色商品。然而，在西塘古镇各街区的商铺里卖的是一些手镯、民族服饰、吊坠等饰品或臭豆腐、粽子等小吃，这与国内其他小镇并无差异，缺少统一的规划和管理，品牌经营的理念薄弱，整个古镇品牌效益不明显，旅游商品地方特色不突出，产品同质化严重。

（五）住宿设施较完善，餐饮接待有所不足

西塘古镇住宿设施较为完整，各类旅店、宾馆沿街而立，而星级宾馆屈指可数。房间结构布局、装潢装饰都过于现代化，未能体现出古镇“古”韵味。不少宾馆的房间装饰格调与整个宾馆的建筑外观形成巨大反差，极不协调。餐饮服务未能体现当地的饮食特色，各餐馆价格偏高，菜式几近相同，服务差强人意，餐馆服务人员服务意识低下，工作态度散漫。

三、西塘古镇旅游服务质量提升对策

（一）确立鲜明主题，突出文化特征

西塘是一座具有千年历史的文化古镇，人文资源丰富，自然风景优美，是古代吴越文化的发祥地之一。早在春秋战国时期就是吴越两国的相交之地，素有“吴根越角”和“越角人家”之称。古镇区内有多处保存完好的明清建筑群，具有较高的美术欣赏性和艺术研究价值，为国内外研究古建筑的专家学者所瞩目。同时，西塘也是我国的“纽扣之乡”，黄酒的生产地之一。作为与众不同的江南水乡，“桥多、弄多、廊棚多”是西塘的三大特色，弄堂幽深、千米廊棚创造出“雨天不湿鞋，照样走人家”的奇景。因此，在宣传西塘古镇时，应凸显以“再现吴越文化及明清建筑群”为主，以黄酒文化、纽扣艺术、千米廊棚为辅的人文旅游。县政府可以借助旅游微电影、纪录片、影视剧等形式，将西塘古镇的特色之处记录下来，利用媒体、网络、旅游杂志、微博等手段推广。

（二）发掘特色产品，打造旅游品牌

西塘特产丰富，特色产品数量众多。以小吃来讲，有嘉善黄酒、荷叶粉蒸肉、芡实糕、豆腐花等小吃，加上当地物产丰富，瓜果蔬菜和淡水产品应有尽有；从旅游商品来看，有手工艺品、饰品、字画、古董、艺术瓦片、特色纽扣等旅游纪念品。从居民建筑来看，西塘仍保存众多明清时期遗留的古宅院和街道旁的廊棚，其建筑风格独特少见。因此西塘古镇在发展旅游时，应合理规划利用这些产品，将其打造成地方旅游品牌，规范营销，规模经营，统一价格，创新产品。在沿河的街道上，可以合理开设一些饭店、餐馆供应热菜及特色食品，临河而建，清风拂面，舒适宜人。在古镇的街角拐角处可开设一些独具特色的奶茶、咖啡、小饰品店，或体现古典民族风情，或个性夸张独特，抑或环境清幽雅致，游客可在此闲聊。

（三）制定景区服务质量标准，完善激励机制

景区的服务必须具有一定程度的规范性，因此，制定出景区内部服务质量标准与基本流程是十分必要的。这就需要结合景区、景点的实际情况，确定基本服务内容，制定出关于景区交通、游览、卫生、娱乐、安全、购物等项目的服务质量标准。同时，对服务人员的服务技巧、服务内容、服务时效性以及服务态度等加以细化。在走访西塘古镇时，受访者普遍认为在接受服务时，服务人员的态度是冷漠的，还有一部分受访者认为服务人员的态度是恶劣的。此外，在古镇旅游开发中居民具有不可忽视的作用，要把古镇旅游做活、做大、做好，就得加大社区参与力度，加强对居民的培训和引导工作，激发居民办旅游的积极性和提高居民办旅游的能力。要加强对古镇旅游专业户进行全员培训，尤其注重对经营管理者进行管理方面的培训，包括开办管理学、组织行为学、经济学等专业知识的培训，提高管理水平。另外也要经常性对服务人员进行专业技能培训，如客房服务技能、服务礼仪、普通话等，以提高他们的服务质量和效率。讲解员应该态度热情积极，并具有专业讲解水平。这就要求讲解员要懂得人文、地理、建筑、风水等多方面的知识，了解当地的传统习惯、风土人情，才能更好为游客服务。当然，要让旅游从业人员服务质量有所提高，仅有高标准的要求，没有相应的激励机制也是不行的。为此，古镇旅游景区的经营

管理部门必须建立相应的激励机制，采取物质激励与精神激励相结合的方法。如把景区的员工视为亲人和主人，让他们在精神上有一定的归属感，同时对那些工作积极，工作业绩突出的，经常性受到游客表扬的员工，给予一定的物质奖励，鼓励居民及旅游从业人员朝着要求的目标努力，充分调动员工的工作积极性。

（四）建立景区与游客间的互馈机制，进一步提高游客满意度

景区组织协调性最为重要的关键问题就是景区与游客的双向反馈机制。这种方式可以通过与游客沟通，将游客对景区某方面的不满意传达给景区，景区努力做出改善，将处理结果反馈给游客。例如，在古镇景区内建立游客服务中心，在网站上建立顾客信息反馈系统等手段，设立游客反馈平台，及时收集游客对景区的意见和建议。并将游客对服务的反馈意见及时进行总结与分析，不断地修复管理和服务的缺陷，调整服务内容，提供游客所需的服务。通过游客与景区的互馈机制，古镇景区对自身服务不断地加以改进与完善，可以更好地树立西塘古镇旅游景区形象，建立品牌景区、景点，全面增加景区的社会影响力，提高西塘古镇旅游景区的利润增长点，为进一步提高游客满意度做好准备。

第二节　景区容量超载背景下的旅游服务质量危机管理研究

21 世纪以来，随着经济的发展和人民生活水平的提高，人们越来越注重精神的享受与满足，对旅游的需求日益增加，我国的国内旅游和出境旅游都得到了极为迅速的增长与发展。旅游活动日趋大众化，但也造成了景区超载的问题。有时，景区若没有采取恰当的处理措施，甚至会出现拥堵和踩踏事件，这不仅会影响景区的旅游形象，而且还会降低游客的满意度，影响游客的旅游体验。

景区的环境承载力作为衡量旅游业可持续发展的一个重要指标，与旅游景区旅游的可持续发展紧密相连。而频频发生的景区容量超载事件一次次地破坏

着景区的可持续发展力。因此，如何合理有效地在景区容量超载背景下对服务质量进行管理已经成为旅游界十分受人关注的问题，也成了景区旅游可持续发展的关键所在。

一、四川九寨沟容量超载的原因分析

（一）制度方面

1. 相关休假制度及条例尚未健全完善

充足的可自由支配时间是游客能够出游的一大重要前提，包括每日的闲暇时间、周末、法定节假日、带薪假期等。我国目前的法定节假日和休假制度仍存在着一些问题，这也是导致节假日里景区游客井喷的重要原因。

早在2007年我国就出台过《带薪年休假条例》，这项条例出台的主要目的就是为了缓解法定节假日游客扎堆旅游的现象。但是在员工与企业的博弈过程中，员工明显处于弱势地位，在没有强制性的法律条例的监管下，绝大部分单位对带薪休假极为不重视，带薪休假难以落实。迫于无奈，普通上班族只能选择在节假日里出门旅游，这就使得各大景区假日里人满为患。

2. 缺乏景区容量测定的统一标准

景区最大容量这一数据对容量管理具有较强的实践指导作用，但是在实践的过程中却并未起到相应的作用。现阶段景区最大容量的测定尚未制定统一的标准，基本上都是由景区自己来确定的，而景区绝大部分情况下采用静态模型计算最大容量，这难以与实际情况相贴合，对解决现实问题的指导意义不大，最终导致景区在进行容量管理时无法参考有效的最大容量指标。因此，国家需要出台制定统一的景区容量测量标准，对景区实行统一的标准化管理。

（二）景区方面

1. 景区追求短期经济利益最大化

景区在黄金周里不限制游客流量主要有两个方面的原因：一方面是门票收入数量庞大，在景区的收入中占着极高的比重，多数的景区仍然存在着短视思维，害怕游客不来，根本没有考虑旅游资源受损和游客的旅游体验；另一方面是黄金周里景区经济增长迅速。虽说黄金周出游比较挤，但黄金周里出游的人数和旅游消费额是屡创新高。对景区来说限制游客容量岂不是损失了一次赚钱的大好时机。而且，国家及相关部门的规定没有强制性的执行措施，使得景区忽视应对，由此造成的景区超载、拥堵的现象频繁发生。

2. 景区容量管理未能引起重视

从目前景区的经营管理层面来看，极少有哪个景区能有一个专门的部门来负责景区容量的监控与管理。容量管理在景区日常的经营管理活动中只是一个辅助手段，并没有贯穿到景区旅游经营管理活动的全过程，景区对容量管理的认识程度还远远不够。依照旅游的可持续发展理论来看，容量管理在景区的经营管理中理应是占着重要地位的，只有景区在合理的容量范围内接待游客才能实现景区的长远可持续发展。

通过调查研究，笔者还发现目前景区的人才结构也不合理，绝大部分景区都缺乏专业的容量管理人才，景区无法在日常的管理过程中引入容量管理的理念与方法。大多数情况下景区容量管理也只是流于形式或是仅仅存在于口头上，其所处的位置相当尴尬。

3. 景区容量调节手段单一

在游客超载事件频发后，景区也采取了诸如利用门票价格杠杆来调节的举措，但许多的景区只是通过提高门票价格来限制游客进入，但其在提高门票价格的环节中是缺乏科学严谨性的：第一，门票价格提高多少应该是有科学的计算方法的，而不是仅靠管理人员的主观臆测；第二，景区提高门票价格时需要听取专家学者、政府及相关部门的意见和建议，而现实情况却是听证会大部分情况下仅仅流于形式，仅仅只是景区一方的独角戏，并没有广泛吸引其他的相关部门及人员参与其中；第三，景区在对门票价格进行提高后，需要对后续的一些情况和数据进行监测分析，看看能否达到预估中的控制游客容量的作用和经济效益的双赢，在现实中的情况却是大部分景区都省略了这一步骤，缺乏相应的反馈和修改机制。

第三节　景区容量超载现象解决对策

一、政府及相关部门

（一）落实监督带薪休假制度

政府及相关部门应该充分发挥自身的主导作用，监督各企事业单位落实带薪休假制度的情况，采取必要的强制及惩罚措施，保证带薪休假的顺利落实，使得上班族能避开集中出游。除此以外，政府还应该加大教育和宣传力度，使得企事业单位慢慢意识到落实职工带薪休假制度是对每位员工的尊重，也是让大家恢复体力和精力的最佳手段。要积极鼓励单位落实职工带薪休假制度，使制度的执行不完全依赖于强制措施。我们还可以向西方发达国家学习，借鉴他们的旅游假、儿童亲子假等私人假期，并增设护士假和教师假等私人假期，那么错峰出游将不再是一种奢望。因此，如果政府能够做好监督落实带薪假期的工作，就可缓解游客因出游时间集中而引起的景区超载现象。

（二）加强立法管理

为了更好地来管理控制景区的游客容量，需要引入法律制度来进行管理。我国2013年10月1日实施的《旅游法》第45条规定，“景区接待旅游者不得超过景区主管部门核定的最大承载量。”制定法律法规是有效进行景区容量管理的前奏，如何正确理解法条同时加以贯彻执行是关键。除此以外，可以由旅游行政主管部门主导，提议申请设立专门的旅游景区开发与保护的法律法规，对景区开发及经营过程中资源、环境、设施保护设定相关标准，切实在可持续发展的理念指导下经营，以实现景区的可持续发展。

（三）推行预约旅游平台

政府及相关旅游主管部门可以创建一个景区“预约”平台，让游客在旺季至少提前一个月预约，淡季也要提前1~2天预约。特别是在旅游黄金周，如果没有预约，就绝对不允许参观。就目前的实际情况而言，我国的大部分景区多重视团体票的预定，忽视自助游的游客，但其实自助游的游客才是最难以预测和估计的。特别是最近几年，随着交通工具的便利，更是让自助游的游客数量越来越难以控制。这极有可能给景区带来过大的压力，出现不利于景区发展的状况，所以可以使用一些提前预约买票可享受优惠的方式，让自助游的游客提前进行预约买票，让景区提前对游客的数量有所预估与了解，避免出现突发性的游客爆满情况。预约参观这一措施能够有效地控制游客的数量，不仅可以保护景区的生态环境，更为重要的是可以通过此举提高游客的出游体验，进而提升旅游景区的品牌与形象。

二、旅游景区自身

（一）建立健全旅游高峰保障应急预案

首先，采用科学合理的方式，对景区的最大承载量进行重新测定与预估。在测算的过程中，不仅要考虑物理的容量，而且还要考虑景区的基础设施配置情况、配套服务能力、天气状况、不同景点的游客承载量、游客的心理承受能力、旅游心理体验等方面存在的潜在可能性及问题，并做好相应的应急预案。

其次，应急预案需要细致和精细化，具有较强的可操作性。不仅需要划分应急响应等级，确定主管领导及工作人员，更要落实具体措施和应急人员安排，评估高峰时期景区的各种风险，把每个景区区段责任落实到人，并形成一个无缝隙的管理链条，确保旅游突发事件可能发生和发生时，能够及时快速地启动应急预案进行科学的现场应急处理。

最后，必须重视日常应急培训和应急预案演练。强化景区工作人员应急知识技能培训，将景区应急培训纳入景区员工日常培训必修内容，增强员工的风险意识和应急处理能力。同时，根据应急预案演练情况和实际的发展及时修订和动态调整应急预案，以确保应急预案的可操作性和科学性。

（二）建立应急管理追责制度

景区容量超载事件发生后，不应该忙于将责任归咎于游客素质低等外在原因，而应该进行内部追责，检讨反思景区管理、规划和安全保障等的不足。当然，景区的追责要建立在明确的应急管理体制、机制和预案等基础上，对应急管理工作进行全面的评价，包括对事件发生的原因、应急管理的组织机构、监控预警机制、应急决策机制、限流分流措施、应急处置措施等进行系统的回顾和评估。

旅游景区要建立危机管理的绩效考评系统，做出应急事后调查评估报告。对事件发展的原因和预防与处理全部措施进行系统调查，并作出评估报告。根据评估结果，对原有的景区应急管理方案进行动态修正。此外，对绩效考评方法、程序以及相应的激励与奖惩机制，都要进一步实施科学化、规范化的管理。

（三）实行门票预售制度

"凡事预则立，不预则废。"实施预售制度或预定制度的关键在于旅游景区能够提前做好接待游客的准备，这与饭店预定的道理是一样的。提前预测游客流量，有利于旅游及功能区做出合理的管理。

对于需要严格保护的旅游景区和资源来讲，唯一的办法便是对游客数量进行限制。而游客数量的限制又不能在游客已经抵达旅游目的地的时候来进行，这样的话必然会影响旅游者的消费积极性。因此在景区实行预收门票制度的同时，实施预约游览制度，可以避免"游客好不容易来了，却没有能够游玩的遗憾"。如果能够在景区形成这样的一种普遍做法的话，那么对于旅游景区的流量控制以及生态环境保护是极有帮助的。

（四）采用门票价格差异化调节游客数量

价格杠杆是一种调节手段，通过提高或下调景区门票价格来控制游客的数量，却达不到容量管理的预期效果。借鉴国外的经验，景区可以采取分时、分段、分区设立不同的价格的方法来控制游客数量。分时，即在每天特定时段提高景区门票价格，限制游客进入，在其他时间段则降低门票价格，实现游客分流；分段，即在游览时间分成几个时间段，通过不同时间段收取不同的费用来分流游客；分区则是对景区不同的区域收取不同的费用，以此来限制过多的游客进入景区著名的景点，造成拥挤和景点超载。此外，可以采取提前预订门票给予优惠的方式，比如，在互联网平台上，提前 3 个月预订门票的，门票价格便宜。

（五）利用高科技，优化景区管理与服务

现代科学技术可以为旅游景区的管理提供前所未有的便利，利用互联网的便利性可以实施预约游览，利用互联网、传真等通信技术可以和旅行社随时预测并争取确定游客数量和空间分布情况，从而更加合理有序地分流游客，疏导游客进行较高质量的旅游体验。充分发挥科技的优势，可以从游客进入景区前进行有效的分流，从而避免“拒客于门外”的情况，同时又能提高进入景区的游客满意度。

世界遗产大会曾经对各国的遗产保护状况做过评估，遗产地遭受严重破坏的将被列入濒危目录。联合国教科文组织还将对中国的世界遗产进行 5 年一次的检测。中国的世界遗产保护问题是各方关注的焦点，旅游旺季特别是黄金周旅游高峰期，控制客流量、维修保护等方面是容量管理工作的重点，对景区的可持续发展的影响也最大。九寨沟曾经启用的“数字九寨系统”在景区容量管理方面发挥了很好的作用，为景区管理带来了新的思路。

为了缓解个别景点游客过多的压力，九寨沟曾经利用智能系统，通过安装探头、远程数据传送等方法，使景区的每一个核心景点的人流量都处于管理部门的控制中，从而疏导人流，改变游客人数分配不均的现状。对核心景点的智能监控只是“数字九寨系统”的一部分，这项投资达 1 亿多元的系统还包括电子门票、环境监测、森林防火等内容。从电子门票来说，几乎 90% 以上到九寨沟旅游的人都是通过网络购买门票的。通过这种方式，景区管理部门不但每天可以动态监测门票的销售情况，而且还能实现总量控制，人数超过限定就停止售票。而环境的检测系统则是通过搜集大气、水等生物圈的数据变化对遗产地可能存在的潜在危险作出预测。

“数字九寨系统”还将四川遗产景区九寨沟、黄龙、峨眉山、都江堰、青城山等打造为四川世界遗产景区最佳旅游精品线路，实现各景区统一营销宣传、电子门票预订等活动，有效地在“大九寨旅游区”内合理分布客流，增加了旅游区的容人量和容时量，延长了游客的逗留时间，取得了可观的经济效益，也提升了整个旅游区的形象，进一步增强了旅游地的吸引力。

“数字九寨系统”的应用使得景区能够根据游客人数提前做好工作安排，合理调配观光车、工作人员、餐食等，减少管理的盲目性，降低成本，使管理更

为科学、有序，通过数字九寨项目，九寨沟风景区管理局在提高管理效率上节约的成本大概有1000万元，这笔资金又用于九寨沟的环境保护和科学管理，实现了良性循环，促进了景区的可持续发展。

旅游景区容量超载现象一直是备受关注的热点问题，只有解决好景区的超载现象，才能达到政府管理好、景区有钱赚、游客体验高三方共赢的局面，也只有政府、景区和游客三方面共同努力，才能够从实质上解决景区的超载现象。

第四节　古城旅游服务质量危机管理研究 ——以平遥古城为例

古城类旅游目的地多是在历史上长期作为中国的政治、经济、文化中心，拥有丰富而独特的高品位旅游资源。平遥古城，位于山西省的中部，具有2700多年的历史，是中国明清时期汉民族地区县城的活标本，为人们展示了一幅非同寻常的文化、社会、经济及宗教发展的完整画卷。申遗成功的古城每年吸引着成千上万的中外游客前来游览，其旅游服务质量在一定程度上代表着中国旅游服务的形象。

一、平遥古城旅游品质开发现状

近年来，平遥古城景区通过海报、媒体、举办大型活动等宣传措施，全面提升了平遥景区的旅游形象。并利用申遗效应，塑造了“世界遗产平遥”的旅游品牌。通过对自身人文软环境的重塑、硬件设施的不断改造，全面激发了平遥古城历史文化传统的保护措施和发展潜能。演出《又见平遥》的倾心打造，让游客成为演员，增加了游客的兴致。通过参与性演出，了解平遥的大院文化、回顾平遥的历史，也激发了游客对“家”这一主题的探索，获得观看者的一致好评。

但是随着旅游市场不断升温，地方政府越来越重视旅游业带来的经济增长，把旅游景区当作拉动经济增长的引擎，甚至当成是地方财政的“提款机”，而忽视了旅游环境和服务质量的提升。在旅游开发的过程中，存在着监管不力、盲目开发等问题，各种旅游乱象丛生，引发了旅游服务质量危机。

二、平遥古城旅游服务质量存在的问题

（一）基础设施不到位

1. 古城保护与修缮存在漏洞及隐患

平遥古城历史悠久，古城的保护与修缮就显得至关重要。平遥古城作为世界文化遗产，不能一味地大修大建，而应该注重历史的真实性。如维修人员在修复裂缝时采用在城墙外修建坝状支撑物的方法，而堆放在城墙内侧的建筑材料可能会破坏古城墙并存在安全隐患。

2. 古城防火存隐患，消防箱成摆设

城内建筑多为木结构，一旦引发火灾，后果不堪设想。除古城内主干道两侧的店铺，附近街边的消防设施有的是空的，有的堆满了杂物；城内民居成了防火监管的盲区，居民防火意识有待提高，家中多未配备灭火器；城内居民冬季采用自主燃煤取暖，燃煤就随意堆放在院子里；同时，还存在着私拉乱接电线的问题。

（二）旅游服务不到位

饮食方面，古城内的餐饮业服务水平良莠不齐，一些沿街的小吃店和露天小吃摊，卫生没有保障，并有欺客宰客的现象存在。

住宿方面，现代化的宾馆、酒店大多分布在古城区外围。旅游旺季时床位紧张，古城内的民俗客栈虽有强烈的传统民居氛围和晋商文化特色，然而大多零星分布在街道狭窄并限行的古城区内，游客可进入性差，往往需要借助其他小型交通工具方可入住，而且这些客栈是基于传统的民居院落改建而成，接待能力较弱，房间少、床位有限，仅能容纳几十人入住的客栈居多。此外还有相当数量的民居在旅游旺季被临时改造为旅馆，招揽游客入住，其卫生、安全、服务质量等缺乏监管。

交通方面，道路建设的发展难以适应快速增长的旅游需求，道路拥堵、车位难寻还很普遍。游客选择观光电瓶车和人力三轮车等交通工具时，面临着抢夺客源、强行拉客、漫天要价的问题。

游览方面，平遥古城没有合理的旅游游览路线。由于古城实行一票制，再加上古城内景区众多，造成很多游客来旅游时感到很茫然，不知道先去哪里后去哪里，怎么走才好。

购物方面，最突出的问题是商业化现象严重，除少数地方名品外，市面上出售的商品与全国其他景区的商品雷同，好似“中国旅游商品的集合地”，没有古城特色旅游商品出售。

三、提升平遥古城旅游服务质量的对策与建议

（一）树立危机意识

1. 呼吁旅游者树立危机意识

针对旅游者，应当从制度规范、舆论引导和自身提高等方面入手实现危机的科学管理。以 2015 年为例，平遥中国年举办期间，一部分自驾游的游客驶出高速路口后，随意变更车道、加塞，还有一部分游客拒绝城外的一些临时停车点，执意把车直接开到城内的景点和旅馆门口，使得从高速出口到景区的交通几度完全瘫痪。若旅游者加强自身规范，那么将不会产生此后果以至于损害自身的旅游体验。

2. 旅游景区应妥善做好危机预警和危机处理两方面的工作

景区进行危机管理实际上就是要在危机发生前、危机发生后、危机结束后三个时间段，进行有效的科学管理和干预。在危机发生前，管理者以及所有的涉旅部门，应当未雨绸缪，具备危机意识。充分研究和总结各类旅游活动以及旅游景点景区的相关经验，预设可能会在哪些方面出现纰漏、遇到挑战，一旦危机发生或出现，要拿出紧急的预案及时应对，这是危机管理工作的基础和前提。危机发生之后，旅游景区管理者应当快速反应、正确应对，采取积极有效的处理办法，将物质上的损失、名誉上的损毁，甚至人员的伤亡降到最低。通过以往的经验可以看出，危机发生后，采用隐瞒真相、欺上瞒下、愚弄公众的做法是非常不明智的，可能会激起公愤，极不利于危机的处理。危机结束后，景区管理者要致力于做好善后工作，尽快恢复名誉和信誉，积极进行景区品牌的创新，扭转和更新在旅游者心目中的形象。

（二）强化品牌意识，推进品牌塑造

品牌就是形象，品牌就是力量，品牌就是效益。平遥古城应以其厚重丰富的旅游资源为依托，深入分析和挖掘已有资源的文化内涵，结合当地民俗文化的相关内容，瞄准国内市场和国际市场，培养独具古城特色的地方性品牌，树立品牌形象。同时积极吸引世界一流品牌商品入驻。一方面可以帮助提升古城知名度，提升古城商品的档次，另一方面也能够让这些优秀品牌借助平遥古城的地位对自身品牌价值加以提升，实现互利双赢。

在品牌的营销和推广过程中，要采用多元的信息传播方式，建立专门网站，重视名人微博、微信等新兴传播平台和多地联合营销的作用。要做好市场细分，进行高效的广告宣传。设计专门的旅游纪念品，既可以丰富旅游者的活动，也可以承载和传播古城文化。

（三）规范市场秩序，维护消费者权益

政府应建立长效机制，不仅要以高压态势监管大商家、大店铺的行为，更要严肃治理小商家、小店铺的非法行为。目前，存在欺客宰客的大多是小店铺，说明这里存在很大的漏洞，要实行明码标价政策，加大对消费者权益的维权力度。从严整顿全面规范景点秩序，黑景点其实也有其自身历史价值，只不过未在旅游部门备案，自身整改过后，这些景点仍然可以对游客开放。取缔非法营运三轮客运车辆（黑车），维护旅游者人身财产安全。制定并完善规定，要求商铺实行明码标价，坚决打击欺诈游客行为。

地方政府可因地制宜精心编制地方标准，规范旅游市场秩序。同时抢抓机遇开展标准化建设，大力度铺开创建试点。本着整体提升与重点突破相结合、标准制定与具体实施相结合、特色创新与协调发展相结合的原则，按照“典型示范、以点带面、全面推进”的原则，在餐饮、住宿、购物、娱乐、客运等方面选择确定试点单位，建立健全企业旅游标准体系，全面铺开旅游标准化试点县创建工作。

（四）全面建设基础设施，提供舒适便捷的旅游环境

从民间收集史料，听从各方古建筑修缮专家的意见，适时召开听证会与研

讨会，把古城保护与修缮放到政府旅游相关部门的首要工作中去，在修缮时绝对不能破坏古建原有风貌。城内居民是保护的主体，加强城内居民对文化遗产的保护教育工作，由政府发出倡议，从自身做起，担负起主人翁的责任与义务。

出台相关措施，配套防火设施，消除城内消防隐患。更重要的是，消防应该防患于未然，消除隐患。监管民居消防安全存在一定难度，城内居民应该积极主动排查身边的隐患，及时报告并及时排除。

（五）提升旅游服务质量

古城景区可专门组织召开国际、国内旅行社意见征集会、导游意见征集会等会议，倾听身在一线的旅游工作者的意见和建议。一线工作者是直接与游客接触的群体，可以从他们身上了解游客的需求和旅游市场最前沿的动态；通过召开意见征集会，可以有效地获得景区发展的意见和建议，从而完善自身的软硬设施。

提高整体服务水平，提高居民的服务意识是重要内容。政府可以通过开展活动来提高全民的服务水平。如举办“文明礼仪在平遥”活动，从政府到企事业单位、学校、街道、村委会，一级一级开展“文明礼仪”学习活动，再分级别、单位开展“文明礼仪”比赛，验收学习成果，这样可以使居民的素质得到一个整体的提高。再由此推进其他旅游服务的学习，如与当地职业院校联合举办酒店服务培训班，以此提高居民的服务意识。

旅游局相关部门应在古城内实地调查摸排，探索出最适合的一条或几条线路，并在门票上的地图做出标示，为游客提供便利舒适的旅游环境。

培训相关从业人员，加强自身素养与服务游客的敬业精神。制作精美而小巧的旅游宣传手册和旅游地图，放在交通工具上。游客可以凭借宣传手册或旅游地图，享受平遥古城各项优惠政策。

（六）加强旅游服务质量反馈工作

展开充分的调研，借鉴其他古城景区的成功经验，并对旅游者展开满意度调查，从而不断发现问题、解决问题，使古城保持活力。

第六章

旅游交通危机管理

第一节　旅游交通危机管理分析
——以马航事件为例

一、马航事件综述

（一）马航介绍

马来西亚航空（MAS，简称马航）是一家马来西亚的国营航空公司，也是马来西亚的国家航空公司，成立于1947年。马来西亚航空的主要基地是吉隆坡国际机场，它的二级枢纽机场设于亚庇。2014年12月4日，马来西亚航空公司宣布2014年12月15日8时将正式停牌，退出交易。2015年9月1日，马来西亚航空官方正式宣布公司换用全新的名称——新马航（MAB），当日0：15从香港飞抵吉隆坡的MH433航班成为新名称启用后的第一架航班。

这家航空公司自2007—2013年连续被英国SKYTRAX归为“五星级”，即东南亚最安全航空公司，每年获此殊荣的航空公司通常只有6、7家。属于寰宇一家航空联盟的马航，历史上从未出现在航空公司安全黑名单上，此前仅有的两次致命事故共导致 134 人死亡，却已是分别发生于 1977 年和 1995 年的“过去时”。然而这样一家“金牌公司”的业绩，近年来可谓惨不忍睹：2011—2013 年连续 3 年亏损，2013 年更在历史上首次出现连续 4 个季度业绩全墨的惨状。“失联”事件发生前不久，马航宣布 2013 年第四季度亏损 3.434 亿林吉特（合 7600 万欧元），2013 年全年亏损 11.7 亿林吉特（合 2.59 亿欧元），是前一年亏损的 3 倍。连年的亏损也导致了马来西亚航空在 2014 年年底退出了吉隆坡证券交易所，结束了其 29 年的上市生涯。

（二）马航事件经过

2014 年 3 月 8 日凌晨 2 点 40 分，马来西亚航空公司称一架载有 239 人的波音 777-200 飞机与管制中心失去联系，该飞机航班号为 MH370，原定由吉隆坡飞往北京，该飞机原定于北京时间 2014 年 3 月 8 日 6：30 抵达北京。

2014 年 3 月 24 日晚 10 点，马来西亚总理纳吉布在吉隆坡宣布，马航失联航班 MH370 在南印度洋坠毁，机上无一人生还。同年 6 月 8 日，马航 MH370 客机部分失踪乘客的家属由于对当局失去信心，准备出巨资鼓励“线人”站出来提供有效线索，以便破解飞机失踪之谜。

2015 年 1 月 29 日，马来西亚民航局宣布，马航 MH370 航班失事，并推定机上所有 239 名乘客和机组人员已遇难。

2015 年 1 月 30 日，马来西亚交通部长廖中莱表示，马政府将监督并确保马航向 MH370 客机乘客和机组人员的家属做出赔偿。

2015 年 2 月 4 日晚，保监会向各保监局、中国保险行业协会以及各保险公司发通知，要求做好 MH370 航班乘客保险理赔服务工作有关事项。

2015 年 2 月 24 日，马来西亚交通部长廖中莱表示，马航将于 3 月 8 日 MH370 失事一周年之际，为机上乘客及机组人员举办追悼会。

2015 年 3 月 8 日，马航发布了 584 页的中期报告。

2015 年 7 月 29 日，在位于印度洋上的法属留尼汪岛发现的飞机残骸，确属于失联的马航 MH370 客机，在失踪了 500 多个昼夜之后，MH370 航班的残骸首次被发现。

2016 年 3 月 6 日，吉隆坡当地民众举行马航 MH370 失事遇难两周年纪念活动。同日，在非洲东面的法属留尼汪岛再次发现疑似残骸。

2016 年 9 月 15 日，马来西亚交通部发表声明称，今年 6 月份在坦桑尼亚海岸发现的飞机残骸确认属于 MH370 航班，是客机的外侧襟翼残片。根据澳大利亚媒体的报道，调查人员透露，针对这块襟翼残骸的最新分析结果显示：客机坠海前经历了可怕的“死亡之跳”，即以高达 20000 英尺（约合 6096 米）每分钟的速度从 35000 英尺（约合 10668 米）的高空直坠入海。

（三）马航事后处理

2014 年 3 月 8 日

【08：44】马航官网发布第一份声明：确认北京时间 8 日 2 点 40 分 MH370 航班与塔台失去联系。

【09：55】马航官网发布第二份声明：称对与 MH370 航班失联深感遗憾，并更新航班信息称机上乘客来自 13 个国家。马航正在通知乘客和机组人员家属。

【14：30 左右】马航第一场发布会称失联。

【15：10 左右】马来西亚交通部长否认马航 MH370 航班已经坠毁的消息。

【16：00】原定马总理发布会一直延迟。

【19：00】马总理记者会：不确定是坠机。

【19：05】马来西亚总理纳吉布就马航客机失联向中方道歉。

【23：21】马来官方否认找到失联飞机残骸。

马航官网发布第四份声明：未确认失联客机位置。

马航官网发布第五份声明：称仍未确定失踪航班下落，马航仍然未能联系上失踪的 MH370 航班，也未确定其下落。

2014 年 3 月 9 日

【01：20】马航北京第二场记者会：没有失事证据。

【02：00】马航发布第六份声明：将安排乘客亲属前往事发地。

【09：30】马航发布第七份声明：仍未发现，一旦成功定位将立即建立指挥中心。

【13：40 左右】马航吉隆坡发布会：失联飞机可能曾尝试“空中折返”。

【16：30】马航发布第八份声明，表示愿意为想去吉隆坡的乘客家人安排航班。

2014年3月10日

【10：00】马来西亚航空公司就“MH370”航班失联飞机发出第九份媒体声明。马航在声明中表示，将继续对失联飞机乘客的家属进行疏导和安慰工作，还将给予经济方面支持。每位乘客家庭将被配备一名护理人员。

【19：30】马航第十份媒体声明 ①马航已将失联航班的所有资料交给当局做进一步调查，不便对有人用被偷护照登机发表评论；②将于11日派航班去北京，将家属接到吉隆坡，但出于家属隐私等考虑，不会透露乘坐航班信息。

【21：00】马航丽都酒店发布会：马航将付每位失联客机乘客家属折合3.1万人民币的慰问金。

2014年3月11日

【13：00】马航第十一份声明称，将增加陆上搜索，客机出发12天前曾做过保养。

【17：00】马航事件中国政府工作组开通新浪官方微博，将发布工作组在马来西亚配合中国驻马使馆处置客机失联事件的权威消息。

【17：29】通报会上，家属代表向马航提出5个要求：①马航必须派出专人24小时值班随时解决问题；②每位乘客的5位家属可同机抵达吉隆坡而不是分批；③妥善安排家属食宿问题；④所发慰问金不可附加任何条件；⑤家属要求明早8点对上述要求做出答复。

【18：00】马航11日发布第十二份媒体声明称，当天的确有4名乘客预订了机票，但最终没有办理MH370航班的登机手续。航班并没有取下这4名乘客的行李，因为他们当天并未办理乘机手续。

【23：30】马航发布第十三份声明，称对于失联客机副驾驶曾邀请女性进入驾驶舱的报道非常重视，感到震惊，无法确认相关报道中的照片和视频真实性，由于马航正处理失联客机事宜，无法分出精力调查此事，呼吁媒体和大众尊重员工和乘客的隐私。

2014年3月12日

【21：08】马航第十四份声明摘要：截至12日13点，115名家属已抵达吉隆坡。

2014年3月13日

【12：22】马航MH370失联事件的第十七份媒体声明，声明中表示，自3月

14 日起，马航 MH370 和 MH371 航班号将变更为 MH318 和 MH319。

2014 年 3 月 14 日（失联第 7 天）

【13：22】马航 MH370 失联事件第十八份媒体声明，声明中表示，马航深知媒体对于失联客机有各种猜测，但马航方面已经将所有已知信息公之于众，没有更多的补充。

【17：42】马方首次公布 MH370 失联后 6 小时部分细节。

【21：22】马航 CEO 发函慰问 MH370 客机乘客家属说明新进展。

2014 年 3 月 19 日（失联第 12 天）

【7：20】第 12 天最新消息汇总：调查焦点在于机上机组人员，针对机长与马反对派领袖有亲属关系问题，马方表示把党派争端放在一边，马来西亚警方已对此展开调查。

【21：20】马方：将调查警察带走马航失联航班痛哭家属事件。

2014 年 3 月 22 日（失联第 15 天）

马方：未排除飞机被劫持可能，为保证有可能的人质安全，不能完全公开信息。

2014 年 3 月 23 日（失联第 16 天）

马来西亚代理交通部长希沙姆丁表示，调查组正对失联客机与马来西亚空中交通管制站的原始通话记录进行分析，这些记录在此阶段不能公布发布。

2014 年 3 月 25 日（失联第 18 天）

【03：30】MH370 乘客家属：没有任何人进行过所谓的见面沟通。

【18：00】马方：不能给出相关细节可能会造成泄密。

2014 年 3 月 26 日（失联第 19 天）

马方证实，北京时间 8 点 19 分，MH370 还曾有一次与地面通讯。

2014 年 3 月 28 日（失联第 21 天）

马承诺与中国共享 MH370 全部信息。

2014 年 3 月 31 日

马来西亚交通部 3 月 31 日晚发布公告，证实 MH370 驾驶舱和塔台的最后对话内容是“晚安，马来西亚 370”。这是马来西亚官方首次正式证实相关内容。

2014 年 4 月 12 日

MH370 失联后，马方飞机当地早 8 时左右即在马六甲海峡附近升空搜寻，而军方 3 天后才通报 MH370 向西飞行。

2014 年 5 月 12 日

马来西亚代交通部长希山慕丁表示，不会在调查马航 MH370 事件过程中向乘客家 属公布搜索数据。

二、马航事件问题分析

（一）回应速度较慢

得益于现代社交网络的消息及时性，关于马航 MH370 航班失事的消息其实在 8 日早晨就已经在社交媒体上广为传播，但是一直没有得到马航官方的证实。直到 8 日早晨 8：44 分，马航官方才发表了第一份声明确认北京时间 8 日凌晨 2：40 MH370 航班与塔台失去联系。网络上有一个危机公关的说法叫作“黄金四小时”，意思是说在危机发生之后的前四个小时，是危机公关的最佳时刻，何况现在是一个信息几乎实时传播的互联网时代，这个黄金时期理应是越短越好。到了下午 14：30 分左右，也就是距离 MH370 失事大约 12 个小时之后，马航官方才召开了第一次新闻发布会。在马航的第一次官方发布会上，马航官方只是宣布 MH370 航班属于失联状态，并且否认了飞机坠毁。这是越南媒体及越南海军已经宣称的信息。

当一个国家或者地区发生这种重大交通事故的时候，马来西亚当局首先应当站出来召开新闻发布会向社会各界交代事件实时发展进度，并且与外界以及遇难者的家属进行沟通。而且根据调查，马来西亚航空公司很大一部分的资金来源于马来西亚政府，所以一定程度上来说，马航发生重大交通事故之后马来西亚政府应当首先站出来说明情况。但是实际情况是，原定于 8 日下午 16：00 召开的马来西亚总理发布会却一直延迟，世界上各大媒体以及关心着这个事件的人们一直等到了晚上 19：00 左右才等来了总理否认坠机并且向中方道歉的消息。

（二）缺乏与外界大众媒体的有效沟通

舆论是一个很可怕的存在，如果当事人或者当局政府不作为，那么外界的推测或者猜疑往往会把事情推到一个不利发展的地步。

在马航MH370事件发生之后，马航官方从来都不是主动发言的一方，更多的是在外国媒体发表一些言论之后才站出来澄清或者否认。2014年3月9日凌晨，美国开始调查MH370事件是否涉及恐怖事件，而在20个小时后的当天晚上八点的马来西亚民航部新闻发布会上，马航官方才承认了此次事件不能完全排除劫机可能性。

在与外界沟通事件进度这一问题上，马航可以说是做得相当不好。马航官方曾表示已将所有失联航班相关讯息公布于众，可是之后马来西亚官方又一再表示根据惯例不能将全部信息公布于众，导致很多消息公布严重推迟。例如在2014年3月14日，MH370失联的第七天，马方才首次公布MH370失联6小时后的部分细节。

2014年3月10日凌晨4时，国际刑警组织在查验了所有马航失联客机登机所用文件后，表示发现“更多可疑护照”，但未说明文件数量及所属国家。当天17：19，马方宣布已将假护照持有者视频交给情报部门。一个小时之后，马方还表示不久将会向媒体公布假护照持有者的视频。然而当晚19：30，马航却又表示已将失联航班的所有资料交给当局做进一步调查，不便对有人用被偷护照登机发表评论。最奇怪的事情是或许是在大众舆论的影响下，一个小时之后马航的态度再次发生了变化，再一次表示即将公布假护照持有者视频。

最令人表示震惊的是，当MH370事件发生之后，一个舆论的声音在网上的声音越来越大。在网络上，一直流传着当时MH370的副驾驶曾邀请女性参观非工作人员勿入的驾驶舱，甚至还有图片和视频为证。而当时马航官方并没有在这一不管是事实还是谣言刚刚开始传播的时候就切断或者是遏制它。直到3月11日，在大众媒体都一边倒地倾向于这个舆论方向的时候，马航才给出了一个不算是澄清的公告。马航发布的第十三份声明表示，对于失联客机副驾驶曾邀请女性进入驾驶舱的报道非常重视，感到震惊，无法确认相关报道中的照片和视频真实性，由于马航正处理失联客机事宜，无法分出精力调查此事，呼吁媒体和大众尊重员工和乘客隐私。这一回应使得人们不禁怀疑失联飞机上是否也有可能发生这样的事情。如果在这个时候，马航选择的不是回避问题而是与社会媒体多加沟通，这样就不会造成因为双方掌握的信息不对等而最后导致的马航信任危机。

（三）马航官方态度缺乏诚意

一般来说，重大事故发生之后的第一场新闻发布会对于整个事情之后的发展有着至关重要的作用。像之前韩国韩亚航空也同样发生过空难事故，但是相较于马航官方，韩亚航空当日就在首尔韩亚航空总部举行新闻发布会，向媒体介绍失事客机情况，并就飞机失事向失事客机的乘客和家属以及全体国民鞠躬道歉。而当同样的甚至是更加严重的事情发生在马航的时候，马航官方的态度却显得让人觉得心冷。8 日下午召开的发布会，好像是马航在大众舆论的压迫下没有办法，硬着头皮应付似的。这么严重的事件，发布会仅仅 5 分钟就草草了事，而且那么大的危机，发布会现场理应是全体负责人都站出来向社会各界或者是遇难者家属解释状况并且道歉，但当天的发布会却未见高级领导，连中国区最高领导都没有现身。

8 日晚上原定于北京召开的针对失联航班的发布会，先是经历了无通知更换场地，之后更是推迟了两个半小时，而马航的相关人员始终不曾露面。现场将近 200 个扛着各种采访设备的记者和摄像们苦苦等待。截至 9 日 1：20 分，发布会还没有开始，家属开始鼓噪，要求见马航相关人员，并希望在场民警派车将他们送至现场。警方表示，他们也一直想与马航取得联系，但始终无果。最后发布会更是因为提问失控，强行关灯结束，之前等待了许久的记者们最后只能在黑暗中摸索着收拾设备。

同样的事情，在一年之后的马航发布会上再次上演，这让那些一直关注着马航事件的人们再一次感到了心寒。当地时间 2015 年 1 月 29 日，马来西亚方面原定于 29 日下午 3：30 就马航 MH370 失联一事做出说明，但发布会先是因“技术问题”被延迟，随后又因“意外情况”取消。然而，马来西亚民航局最后给出的官方书面解释居然是发布会原定于仅针对媒体开放，但发布会前，现场出现了马航 MH370 机上人员家属，所以不适合继续举行发布会。

光是一个发布会，马航官方居然就能出现这么多的问题，可见马航对于 MH370 失事的官方态度并没有做错事的自知。虽然飞机失事的原因到现在还没有定论，但是马来西亚航空作为马来西亚的代表性航空公司，肯定是要承担起事故发生之后的各种责任的。站在遇难者家属和社会大众的角度上来说，如果马航的事后处理态度积极，那么遇难者家属的情绪也会稍微缓和，社会大众也不会就此对马航失去信心，把这些指责一边倒的指向马航。更不会有之后遇难者家属因为不满官方处理态度，对当局失去信心，准备出巨资鼓励“线人”站出来提供有效线索，以便破解飞机失踪之谜的事情发生。

（四）“no idea”的错误回应策略

MH370 失联的消息传出后，马航副总裁第一时间接受了 CNN 采访，面对 CNN 记者的询问，他一连回应了数个“no idea”。不清楚，这种状态一度是马来西亚航空对外回应的主基调。

虽然有一句话说：“没有消息就是好消息”，但这只适用于一些传统的普遍情况。马航客机失联事件是一个特殊的危机事件，发生的背景是在互联科技非常发达的新媒体时代。在这种背景下，“ no idea”这样的回答只会让各种信息源混乱的信息肆意传播、难以控制。

作为此次事件的责任方，马航从一开始就刻意隐瞒 MH370 航班的某些重要信息，一直以挤牙膏的方式应付媒介的质问，并且忙于否定外界种种猜测而无法提供有价值的正面消息时，其媒介策略就早已“偏离了正确的航道”。

马航表现出的消极姿态带来的是完全负面的媒体效果：各个国家的代表性媒体都开始对于马航方面给出的消息表示不满，网络上传播的大多数消息都来自于各路媒体自身而不是马方。这样的结果是，各路媒体几乎都对于马航的危机管理持负面态度，网络上流传着大量媒体记者和网友的质疑和吐槽的声音。

根据澳大利亚媒体的报道，针对去年 6 月发现的襟翼残骸的最新分析结果显示：客机坠海前经历了可怕的“死亡之跳”，即以高达 20000 英尺（约合 6096 米）每分钟的速度从 35000 英尺（约合 10668 米）的高空直坠入海。调查显示在 MH370 航班失事坠海的瞬间，这块襟翼并未放下而是缩放在机翼里，而正常情况下，如果飞行员尝试进行软着陆，必须放下襟翼。这表明 MH370 航班是高速直坠入海，没有进行紧急迫降或滑行，也就是说，有可能是飞行员故意为之。同时，卫星数据分析结果显示，MH370 航班坠落的速度非常快并在不断增加，“坠落速度再加上襟翼的位置——如果发现襟翼没有放下的话——将几乎可以确定排除人为控制的紧急迫降或者滑行。而现在事实上确认了，襟翼没有放下”。在残骸证实了蓄意为之的说法后，矛头便指向了航班的机长 Zaharie Ahmad Shah，这个被澳媒称为“心碎的男人”的人。据悉，在机长痛苦的跟一名有夫之妇关系破裂后，他向自己的妻子发了一条有关“私事”的短信，而这一切发生在马航失联前两天。

此前有媒体曝光，机长曾在自己家中用私人飞行模拟器模拟在遥远的南印度洋上空飞行的路线，而当时的马航官方一直以来都以“没有证据”“为时过早”等言论来引导这个问题。而最让人感到震惊的事情是，关于发现飞机残骸的报道，依然不是由马航官方发布的，而是来源于在飞机搜救过程中同样投入大量人力、物力、财力的澳大利亚方面。

（五）马航内部管理出现严重问题

2014 年 3 月 11 日，一个叫琼迪的澳大利亚女子爆料称该机副机长曾在飞行过程中邀请她及其朋友两人进入驾驶室玩乐。副机长的不当行为被曝光后，马航事件急转直下。马航不仅披露了此前马军方和政府一直刻意隐瞒的相关信息（如飞机折返、最后的失联时、飞行时长等），而且第一次将危机根源指向马航内部，宣布将危机管理转交政府，并对两机师进行司法调查。打一个比喻，飞机的驾驶室就好比是一个国家的金库，不管哪个都是其中的核心所在，理应是少数受过批准的专业人员才可以进入，马航让乘客可以进入驾驶室参观，如同一个国家的金库被开放参观，结果会是怎样不得而知。

三、结论与建议

（一）交通危机发生之前

1. 做好飞机机组人员的严格筛选

澳大利亚方面给出的调查结果让人不禁想到了中国台湾的客车纵火事件。其实两件事的相似点有很多，台湾客车事件是驾驶员在性侵案二审被判 5 年有期徒刑后一直情绪低落，最终灌醉自己，点燃事先购买的汽油，拉上全车乘客的性命给自己陪葬。台湾检方公布的事发前苏明成与家人亲友的电话通联记录，证明苏明成事发之前有轻生动机，家人曾多次进行劝慰，通话时间长达 1255 秒。而马航事件如若真的如调查结果所说的那样，那么 MH370 的机长也是因为情感受挫而有意进行死亡之跳，葬送全机人员的性命。

首先，飞机机组人员本来就处于高压工作环境，航空公司应该配备专门的心理疏导人员，定期对机组人员进行心理测评和心理疏导。对于在心理测评中可能存在潜在问题的工作人员应让其暂时停止工作并进行心理疏导和治疗，等到其相关指数达标之后才可以返回工作岗位继续工作。

其次，马来西亚所有航空公司应建立一套严格的规章制度，细化到每一个小点，对于每个航空公司的机组工作人员都进行打分制度，互相监督，严格实施，并且每个机组人员的分数都要公开透明地公布在网络上，每周进行排名比赛。对于像是前文提到的让闲杂人等进入驾驶室的严重行为，一经发现立刻开除，并且不得再在马来西亚任何航空公司工作。

另外，马航应统一发放专用飞行模拟器给各个机长，并对于这些飞行模拟器的历史纪录进行监管。这就好比是在浏览网页时选择家长监管模式。飞机飞行员在模拟器上的任何操作都会被传输到后台进行分析，对于存在潜在危险的记录进行跟踪调查，严重时可以适当对其进行停飞。

2. 改变国内不良竞争趋势

马来西亚航空公司曾号称“东南亚最佳航空公司”之一，是典型的“大航空公司”，机队搭配合理——远程用最新型号的空客 A380，中程用波音 777，短程用波音 737。然而就是这样一家“金牌公司”却连年亏损。造成马航亏损的原因是多方面的，但最根本的原因却只有一个：廉价航空的冲击。

在迪拜举行的航展上，有分析机构称，近 10 年来东南亚活跃的廉价航空公司多达 15 家，而亚太航空中心（CAPA）的数据则表示，自 2003 年起，有超过 25 家低成本航空公司在东南亚投入运营，当年其运能占总运能不过 3.3% 的比例，如今则已高达 57.4%。

廉价航空的特点，就是票价低廉，但服务也随之“打折”。正是低廉的票价，分流了像马航这样的传统航空公司很大一部分的客流量，这样汹涌的势头，让马航这样的“大航空公司”很难招架，所以在 MH370 失联前一年，被逼无奈的马航也开始扩充廉价机型，和廉价航空决一死战。

然而，那些让马航陷入今天这个地步的廉价航空对手也并没有盈利颇多。亚航公布的年报显示，2013 年客运量同比增长 11%，销售额同比增长 4.9%，但利润却同比暴跌 53.9%。尽管仍有盈利，但廉价航空“薄利多销”的运营模式，似乎也已快走到尽头。

在这样一个传统航空公司赚不到钱，廉价航空也即将赚不到钱的情况下，如果能改变马来西亚国内这一不良的航空业竞争趋势，建立公平的定价制度，那么无论是对于马航还是亚航这样的廉价航空都是有好处的。例如1、3、5月份亚航打折，2、4、6月份马航打折，其他时间两家航空公司的价格保持在一个平均值左右，那么大家都能赚到钱，马航也不至于会连年亏损。试想如果马航没有连年亏损，那么赚来的钱一部分可以用来培训管理员工，完善公司内部管理，或许MH370的悲剧就不会上演了。

（二）交通危机发生时

建立全球联网飞机实时监控机制。从MH370失联的报道中我们可以看到，MH370是在北京时间凌晨2：40正式失联的。如果可以建立一个飞机失联迅速反应机制，在飞机超过一个限定的时间段还没有和塔台进行联系的时候进行特殊的全球卫星联网，说不定可以增加飞机找回的可能性。

出于一些原因，很多国家的卫星都是处于保密状态的。在马航MH370失联之后，中国不惜巨大代价调动了很多颗卫星对于MH370进行了搜索工作，但那时候距离飞机失联已经很久了，再用卫星去寻找，找到的可能性微乎其微。如果能够建立飞机失联反应机制，在飞机确认失联的瞬间调动全球的卫星进行联网搜索，当找到飞机或者搜索超过限制时间后再断开卫星之间的连接，各国的卫星继续各司其职互不干涉。

（三）交通危机发生后

1. 建立相关危机处理部门

在危机已经确定形成时，“如何正确处理危机才能将伤害降到最低？”成了最大的问题，马航MH370事件同样如此。

马航的应对反应一直饱受质疑，马航的危机管理被称为致命的失败，因为马航方面违背了危机管理的诸多基本原则，包括迅速反应、及时公布信息、承担责任、真诚沟通、尊重知情权等。

马航在航班失联5小时后才发出消息，此后两天内一直保持推诿、“不清楚”的态度。在中国方面“接管”搜救事宜，只需马航负责乘客家属吃住后，马航还闹出“针对每位乘客只供4张家属餐券，其余家属不管”的安排，因不近人情引发更多反感。

这一失败的危机公关拖累的不仅是马航这一品牌形象，更是马来西亚的整体旅游业。其实马航这个品牌遭受重创，致命伤不在于航空事件本身，而是事后的危机处理。

马航应该防患于未然，建立危机处理部门，在确认失联后第一时间发布官方讯息，并且随着事件的进展实时更新动态。在处理遇难者家属的问题上，应当妥善地为他们处理好各种衣食住行的问题，并且派出心理疏导小组对遇难者家属进行心理疏导，而不是任由警察带走情绪失控的家属们。

其实，马航最失败的地方就是明明应该是它主动公布却被动消极应对，本就该由他们发布的消息到最后却被各个国家的代表性媒体牵着鼻子走。MH370事件多数遇难者为中国人，马航在微博上建立官方账号发布消息的这一举措还不错，但是如果能够在黄金时间就建立微博账号、直播举办发布会，就可以在谣言满天飞之前抢先一步引领舆论导向，对危机处理也是有一定帮助的。

在马航企业形象受到严重影响之后，马航聘请了国际著名的公关公司凯旋公司的危机公关专家来处理失联航班 MH370 的善后工作。但凯旋公关能否扭转马航的负面形象，很多业内人士并不看好。如果马航在发生事故之前就能有危机处理的意识，或者在事故发生的第一时间就进行危机管理，而不是在事情已经近乎无法挽回的地步之后才意识到危机管理，那么或许今天的马航就不会如此令人谈之色变了。

2. 进行舆论引导

在 MH370 事件之后，尽管马航已经将 MH370 改成了 MH318，但是航班号的改变无法抹去 MH370 失事这一惨痛的事故。这个时候，如何让人们消除他们心中对于马航的阴影，或者说是改变他们心中对于马航的既定印象，应该是马航现在所要做的头等大事。

上文提到，马来西亚航空有一部分是马来西亚政府投资的，而马航如果想要发展得更好，中国市场是他们的必经之路。要想让国人消除对于马航的不好印象，马来西亚政府应该以身作则，向中国、向世界证明他们的飞机是安全的，不会随随便便出事故。马来西亚政府可以与马航官方合作，专门设置政府专用机，在马来西亚政府官员出访世界各地时乘坐马航的班机。这样一来不仅能减少人们心中对于“马航等于不安全”的联想，也可以向世界宣传马来西亚航空公司，毕竟最好的宣传方法就是亲自使用。

第二节 旅游交通危机管理分析
——以“温州动车事故”为例

一、事件概况

2011 年 7 月 23 日晚上 8：30 左右，从北京南站开往福州站的 D301 次动车组列车运行至甬温线上海铁路局管内永嘉站至温州南站间双屿路段，与前行的杭州站开往福州南站的 D3115 次动车组列车发生追尾事故，后车四节车厢从高架桥上坠下。这次事故造成 40 人（包括 3 名外籍人士）死亡，约 200 人受伤。温家宝总理 2011 年 7 月 28 日上午实地察看事故现场并召开了中外记者会。

2011 年 8 月 10 日召开的国务院常务会议决定，调整、充实国务院“7·23 温州动车事故”调查组和专家组。2011 年 12 月 28 日，国务院召开常务会议，经调查认定，“7·23 温州动车事故”是一起因列控中心设备存在严重设计缺陷、上道使用审查把关不严、雷击导致设备故障后应急处置不力等因素造成的责任事故。在事故抢险救援过程中，铁道部和上海铁路局存在处置不当、信息发布不及时、对社会关切回应不准确等问题，在社会上造成不良影响。

二、“7·23”温州动车事故危机特征

（一）舆情引爆迅猛

“7·23”温州动车事故从发生至调查结果公布，历时近 5 个月，研究事件前后及时间的延续性具有重要价值。笔者将网站新闻、论坛、博客、微博、传统媒体的关注度进行了对比分析。如图 6–1 所示。

从数据统计来看，温州动车事故舆情持续时间比较长，跨度比较大。其中，微博的反应最快，7 月 23 日当天，微博数量达到 20 万左右，24、25 日即接近百万条 / 天，舆情引爆快，没有时间缓冲，数量相当惊人。从 7 月 24 日开始，10 天内关于温州动车事故的微博量都达到了 10 万条 / 天。

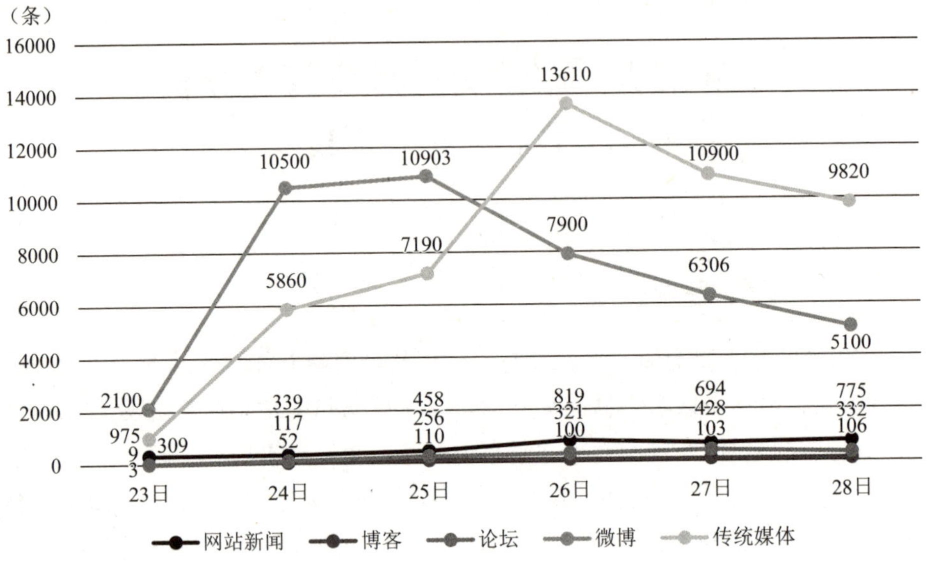

图 6–1　7 · 23 动车事故互联网信息量趋势图

（二）舆情地域性明显

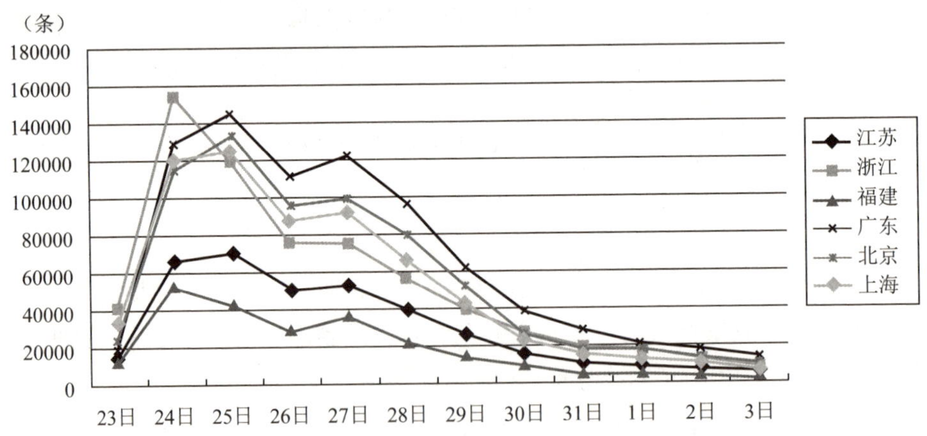

图 6–2　7 · 23 温州动车事故舆情热点区域分布

如图 6–2 所示，在 7 月 23 日至 8 月 3 日期间，关注量最高的 6 个地区分别是江苏省、浙江省、福建省、广东省、北京市及上海市，每天的区别仅仅是略有排位变动。作为温州动车事故发生的省份，浙江省在最初的7月23日和7月24日微博数量是最多的，但是第三天，广东省、北京市、上海市微博量迅速攀升超过浙江省。以后几天，三个区域都力压浙江，与浙江毗邻的江苏省和福建省微博数量也相对较多，但是远不能和前三个区域相比。可见，地域性一定程度上总是和舆情紧密相连的，但是，最终舆情热点区域还是会回归到一直处于舆情中心及传媒业发达的广东、北京和上海三个地区。

（三）舆论一边倒

为更好地了解温州动车事故的社会评价情况，在参考网络投票数据的基础上，进一步对温州动车事故的高频词汇进行梳理。冷色调创意网在新浪微博发起投票：您对铁道部处理温州动车追尾事故处理满意吗？截至2011年8月8日，共有195655人参加投票，如图6-3所示：

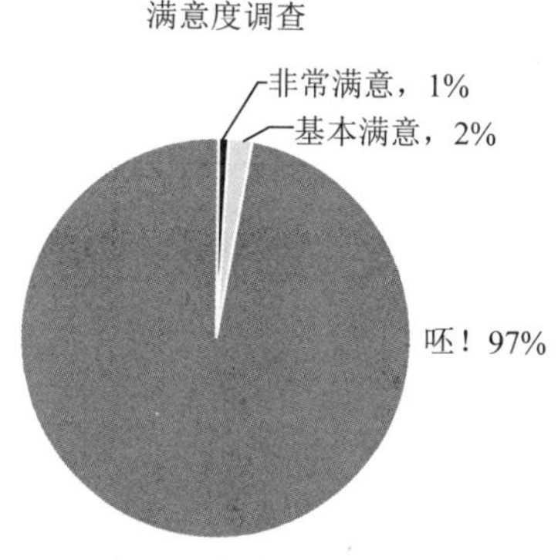

图6-3　新浪微博温州动车事故处理满意度调查图

三、危机应对的不足

温州动车事故发生后，铁道部马上采取了一些舆情应急举措，起到了积极的作用：事故发生第一时间向中央领导汇报事故情况，使中央及时做出部署；铁道部高度重视，紧急投入救援，并与受害者、家属等进行沟通；与温州市委、市政府、社会各阶层良性互动，坚持协调沟通原则，及时救援。但铁道部此次舆情应急中也暴露出明显的不足之处。

（一）危机预防上政府危机管理意识不足

根据社会燃烧理论，此次动车追尾事件作为导火索，必然基于有一定的“燃烧物质”。而此次事件的“燃烧物质”正是一系列的人为因素所导致的安全系统失衡：列控中心设备设计有严重缺陷、上道使用审查把关不严、雷击导致设备故障后应急处置不力、安全和作业管理及故障处置上存在问题等。这些安全因素逐渐积累，量变引起质变，最终引发了此次的悲剧事件，并引发了后续的社会不满，导致政府形象受损。自古以来，忧患意识就是我国的传统危机预防思想。透过此次事件，首先应当发现的不足就是政府安全管理和危机忧患意识上的不足。由于长期以来将“经济建设、高速发展”放在重要位置，对危机的发生抱侥幸心理，很多政府部门尤其是一些地方政府普遍危机忧患意识薄弱。这种状况，导致了近年来我国突发公共事件频发，如矿难、食品安全问题、动车追尾事件也反映了政府只追求“高速时代”，而忽略了更严格的管理技术和危机管理意识。

（二）危机发生时处理不透明

《中华人民共和国突发事件应对法》规定：有关政府及部门作出的应对突发事件的决定命令，应及时公布。这体现了依法公开政府信息，确保公众知情权的法律原则。但温州动车事故现场处理的关键信息并没有给予权威解释，如5小时搜救时间、残骸处理、不到24小时恢复通车等，这些都是24日危机处理的关键信息，也是舆论集中质疑的关键信息，由于事故救援和善后处置工作指挥部没有回应，使得24日公民负面情绪迅速扩张，铁道部舆情应对失去了主动权。

（三）危机发生后信息公布不及时

关于事故搜救，有媒体报道“从事故发生到现在已经有8个小时了，在这8个小时里进行了6次搜救，到现在为止，这个人员搜救工作已经结束了”，之后，媒体相继做出温州动车事故停止救援的报道，但是经过事故小组调查，只是桥下搜救工作基本结束，桥上搜救仍在继续，没有人下达过停止救援的命令。虽然相关部门事后也做过相关澄清，但是社会上已经产生了遇难伤员尚未全部搜救出的情况下就放弃救援的议论和质疑。又如事故发生26个小时后，铁道部才召开首次新闻发布会，新闻发布会无论在质量还是数量上都没有达到应有的效果；事故5天后，国务院事故调查组才公布组成人员名单；事故一天之后才成立事故救援和善后处置工作指挥部，至8月6日也没有发布救援和善后处置工作信息。

（四）危机发生后回应不恰当

铁道部发言人王勇平在新闻发布会上的言论“这只能说是生命的奇迹”“至于你们信不信，反正我是信了”在网络上引起轩然大波。作为事故后的铁道部首次新闻发布会，万众瞩目，而发言人无奈中流露出的对生命的漠视，彻底激怒了满腔愤慨的公众，2008年汶川大地震，党中央、国务院提出“人的生命高于一切”“每一个生命都是国家的财富”等理念，第一次为在自然灾害中遇难同胞降半旗、设立哀悼日，彰显国家以人为本的理念。可见舆情危机发生后，尤其是涉及人民的生命财产安全，救人是第一位的。当今的危机处理中，漠视生命的现象已经很大程度上得到纠正。但铁道部新闻发言人对公众的回应不恰当，公众误解铁道部不尊重生命，逃避责任，严重损害了铁道部的公信力。

四、危机应对建议

（一）建立完备的预警与应急管理机制

公共交通安全危机预警系统的建立，对管理和建设城市交通的正常秩序非常必要。系统通过对大量信息的监控筛选，运用合理、可行的综合评估指标进行分析，对交通安全危险进行快速的识别并预警，同时通过对危险的评估，继而运用各种技能和资源来降低此类危险发生的概率。公共交通危机事故发生后，时间就是生命，据统计，交通事故在30分钟之内死亡的占85%，这意味着在30分钟之内得到及时有效的救护能够挽救大部分伤员的生命。因此，公共交通危机事件发生后，公安交警、卫生与事故救援部门及时赶赴事故现场进行紧急处置与救护，对减少人员伤亡和减轻损失是十分必要。交通管理部门要全面整合远程监控、指挥中心、道路交通管理数据库、道路运输监控信息平台等资源，加快建立完备的交通安全预警与应急管理机制和相关救援体系，从技术手段上全面提高交通应急救援能力和事故处置效率。

（二）树立真诚负责的态度

温州动车事故发生后，政府非常重视，要求全力做好处置工作，有关负责同志赶赴温州指挥工作，并成立国务院事故调查组。但是铁道部的负责人灾难现场却不现身，空调车接受采访，并流传部长在五星级酒店下榻等，正契合了公众平时对“铁老大”的印象，使公众的负面情绪增长。面对舆情危机，领导人现场指挥，以真诚负责的姿态面对公众，稳定人心、平息谣言的作用不言而喻。舆情主体在舆情应对时，应该加强责任感，实实在在为人民服务，以真诚的态度面对公众，对于自身范围的危机责任，要敢于承担责任，对不属于自身范围的，也应暂且代为承担责任，体现责任心和公信力。和公众进行直接的双向交流和沟通，不仅能够充分体现舆情主体的诚意，而且可以更好地了解公众心中的疑问，主动、平等沟通，体现真诚的态度、负责的决心，才能构建和谐公共关系，争取公众的理解，将公众的注意力转移到解决舆情危机上来，让公众参与决策，产生认同感和归属感，才有助于化解舆情危机。

（三）配合媒体主导舆情传播

温州事故现场，记者被“请”出场，最具有舆论影响力的主流媒体发声滞后，以微博为代表的新媒体成为主要的传播平台，刺激公众对公权力和社会事务的监督热情，流言四起，新闻媒体扩大了这些声音，铁道部及政府的舆情引导十分被动。在舆情应对中，政府是主体，媒体则是实现政府与公众沟通的桥梁和纽带。危机发生后，应该全面向媒体开放，利用媒体传播政府声音，而不是限制媒体的报道。在信息传播手段高度发达的今天，完全阻止媒体的报道是不可能的。舆情主体应该主动与媒体沟通，协助和引导媒体的采访报道，化被动为主动。

（四）运用新媒体拓宽传播渠道

温州动车事故，微博是舆情重灾区。在微博应用上，铁道部明显反应迟钝，固守传统的新闻发布会制度，忽视了网络信息发布的及时性。如果铁道部在事故发生后能够24小时微博公布事情处理进展，一定能够赢得主动，避免大量的谣言滋生。社会信息化的加速，要求舆情应对主体与时俱进地适用新的信息传播方式，拓宽信息传播渠道，及时跟进社会舆情信息，发布信息，回应公众。

（五）重建信任，转“危”为“机”

重建公众信任应从事故善后开始。如果铁道部在处理过程中，抱着一种悲悯情怀，抱着“视民如伤”的行政意识，抱着将心比心、感同身受的换位思考，也许就能把更多安全隐患消除于无形，就能把更多矛盾问题化于无形。铁道部应制订合理的危机恢复计划，通过改进技术，为公共安全筑起坚固防线，才能改变公众“谈高色变”的心态，重建公信。1998年6月3日，德国城际特快列车（ICE）在艾雪德附近脱轨，造成101人死亡。之后德国降低时速，更换所有车轮，还把所有列车的车窗更换为在紧急时可用锤子击破的玻璃窗。德铁向每名遇难者家属发放3万马克抚恤金，2名官员1名工程师被控误杀罪。事后，德国相关部门进行了长达5年的技术调查和法律审判，2001年又在事故现场旁竖起纪念碑，刻上101位受难者的名字、出生年月和家乡。这些举措，让人们对德国高铁重拾信任。

第三节　中国台湾旅游大巴焚毁事件分析与对策研究

一、“台湾旅游大巴焚毁”事件概述

2016年7月19日，一辆载有大陆旅行团的旅游大巴在前往台湾桃园机场的路上起火焚毁。事故造成车上26人全部遇难（其中24位为大陆游客，另外两人为台湾司机和导游）。此次惨重的“大巴事故”经调查却并非交通意外，而是司机苏明成蓄意制造的刑事案件。宝岛台湾是当前大陆游客出游的热门之选，这次事件无疑会成为台湾旅游业的重大危机，加之蔡英文上台后两岸关系的紧张，台湾旅游业将大受影响。2016年5月20日到11月1日，大陆游客赴台人数持续减少，总数减少约2/3。十一长假期间，和去年同期相比减少31%，其中团客减少约63%，今年大陆游客赴台人数整体有减少的情形。

二、事件发生原因分析

（一）台湾旅游大巴质量堪忧

此次事件中，车内乘客无一成功逃生，台湾旅游大巴的安全问题引起了两岸民众的广泛关注。该事件将台湾旅游大巴安全门的暗锁问题暴露给了大众。自媒体报道大巴安全门暗锁问题之后，暗锁问题一度成为大众关注的焦点。依事发录像画面中显示，参与救援的警员林某与大货车司机黄某，在救援时确实无法开启游览车右后方安全门。经勘察，发现安全门内确实装有防盗锁（暗锁），安全门开关有防误触玻璃装置，但防误触玻璃装置并未被开启。勘验时左后方安全门依正常操作程序，可由内而外开启。但是搬运尸体或罹难者情急逃生时的行为可能改变了金属弯钩或防盗锁的状态，事发时暗锁的具体情况已经无从探究了。

台湾检方在事后勘验出事大巴，要求游览车业者找一辆同款车，并现场示范开启逃生门，结果根本打不开。检查小组发现事故车辆逃生门有类似小客车儿童座安全锁的设计，启动开关位于司机驾驶座下方。安全门锁孔里，有小横杆控制住的暗锁，从外面拉也无法打开。而据台湾业内人士透露，装暗锁是业界“不能说的秘密”，按法令规定安全门不得上锁，但游览车常发生行窃，为防小偷不得不在安全门上加一道锁。

暗锁问题只是台湾客车业乱象的冰山一角。细细追究，台湾的客车业还存在着很多问题。一是拼装车横行市场，车辆品质堪忧。拼装车价格较整车低廉很多，同时装潢华丽、车内设施设备好于整车。但是车身的刚度、强度难以满足安全需求。主要原因一是拼装车缺乏系统性的设计，且加工厂水平参差不齐。二是安全法规不健全，太多漏洞可以钻。在 2008 年之前，台湾当局关于客车的安全法规只涉及车身尺寸、安全门个数等内容。2008 年修改法律法规，要求台湾的所有客车需通过车测中心（也叫车安中心）的车身强度认证通过，才能合法上路。但公路总局承认仅针对游览车车型安全审验，仅以结构计算，并未以实车测试，实际可信度并不高。三是老旧车没有退场机制，现行法规无法限制。另外其律法还有个特点——不追溯过往。对于客车行业存在的问题，政府出台了相应的法律法规。但是新法律之前有安全问题的游览车还是能够在该法律出台后合法上路的，并没有因为不符合规定而退出市场。台湾交通主管部门观光局 2016 年 3 月 1 日表示，鉴于大陆游客团游览车都已装备卫星定位系统，随时可以掌控行车信息，于 1 日起取消游览车 12 年车龄限制，回归一般游览车管理，不再特别限制车龄。旅游大巴不限制车龄，不符合车身强度的车辆又没有退场机制，车辆安全实在令人担忧。四是客车种类分类不健全，导致车辆安全存在问题。旅游公司为了使拼装大巴符合标准，使得车辆安全性得不到保障。五是验车不规范，代验车服务至今存在。旅游公司为了让车辆检验通过，往往会通过特殊渠道验车，车辆安全堪忧。

（二）低价团隐患多

自 2008 年 7 月大陆赴台旅游开启之后，赴台旅游发展十分迅猛。2015 年赴台游客已经超过了 400 万人次，大陆已然成为台湾的第一大境外客源。其中“8 天 7 夜环岛行”在大陆游客行程中占据着极大的比重。岛内负责接待的旅行社为了争抢客源，纷纷削价促销，环岛行的参团费往往低至 2500 元人民币不到，远低于来自其他地区的旅游团。低价团成本低，设备规格、接待标准等也随之大打折扣。低价团搭乘游览车的比率高，出事故的概率也就显得突出。

几年来，台湾行政部门及交通主管部门多次要求解决因为低价抢售引发的问题，但一直没有得到真正落实。此次事故的旅行团就属于低价游，8 天 7 晚绕台湾一周，包吃住和景点门票，一共不到 3000 元。此次涉事的“巨龙旅行社”就是出名的低价团旅行社，接待人员疲于奔命赶行程，车辆保养维护难以保证。据调查，肇事车辆有 5 次违规记录，其中包括未按规定每七日休息一次。

（三）政府与旅行社管理不当

此次事件也暴露出了旅行社和政府部门在管理上的漏洞。台湾当局相关部门对于车辆暗锁是明令禁止的，但是偷加暗锁却是行业内普遍存在的。说明相关法律法规对于业者的约束力不够，同时在监管方面也存在不足。

旅行社方面，导游疏于检查司机是否饮酒。按照台湾现行有关规定，客车司机苏明成当时的酒精浓度已经属于严重的酒后驾驶了。但导游或因苏明成平时的饮酒习惯而对此次事故时司机饮酒习以为常，未加干涉；也或因司机平时沉默寡言，少与人沟通，导游也未酒精测试，使得导游与乘客在发车前并未发现苏某饮酒。这些操作在程序上都存在严重问题，极易引发安全事故。同时对于司机苏明成的上岗审查也是不合理的，司机苏明成去年才取得驾照，已有 2 次违规记录。苏明成在事发前不久刚刚被判五年有期徒刑和赔偿，有着犯罪前科，雇佣其作为大巴司机有着很大的风险。苏明成也对大陆人存在着偏见。据媒体报道，苏明成曾因不满导游称陆籍旅客为“大哥大姐”，酒后与导游发生推搡，因酒后伤害导游案件被判处拘役 25 日。

（四）司机蓄意焚车

虽然此次旅行充满了隐患，但若没有司机的蓄意而为，事故也不会发生。司机苏明成生活窘迫，对工作和社会不满，又涉及性侵案，事发前不久刚刚被判五年有期徒刑和赔偿。民事部分需赔偿被害人新台币 90 万元，苏明成因此情绪低落，认为遭受“司法迫害”。另外，苏明成也对时政不满，所以向家人透露了轻生的念头。检方发现起火点在驾驶舱，显示苏明成先持打火机引燃驾驶舱，烈焰着身失能而无法驾驶。他身体四度烧伤 100%，血液中仅含有少量一氧化碳血红素 7.5%，与其他 25 人含 25%~90% 不同，显见苏明成生前仅吸入极少量一氧化碳浓烟，即瞬间火烧死亡，与火烧车后导游及陆籍旅客吸入过多一氧化碳浓烟，导致昏厥烧死的情形不同。

三、台湾方面危机处理分析

（一）调查缓慢，通行证到期

大陆遇难者家属的赴台通行证只有 7 日期限，并没有随事件发展而有所变通。在通行证即将到期的时候，台湾方面还是没有给出明确的调查结果。遇难者家属迫于通行证到期，与台湾方面签订了和解书，火化了遇难者的遗体。直至 9 月 10 日下午，台湾桃园地检部门才在其官方网站上发布了案件侦查终结调查结果以及调查细节。

（二）政府处理不当

台湾方面对于事件的处理态度也是欠诚恳的。有遇难者家属在接受媒体采访时表示，他们来台之后，没有人来找他们洽谈，也未通知他们通行证可以延期。此案件中遇难台籍导游的妻子曾表示要提告，所以如果她对案件处理结果不服，可以在7日内经原检察官向台湾高等法院检察署检察长申请再议。而大陆遇难者家属来台时未对案件提告，即使对案件侦查结果有疑问，也无法申请再议。大陆遇难者家属心情悲痛，对当地律法也缺乏必要的了解，在此次事件中一开始就处于弱势地位，没有得到合理权益的保障。

台湾旅游车焚烧事件让24名辽宁陆客魂断异乡，但台当局领导人蔡英文并未出席罹难陆客的“头七”公祭，仅有台当局交通部门负责人贺陈旦代表出席，而另一名丧生的台湾导游却收到蔡英文“典范长昭”的挽联。大陆民众对此区别待遇很是不满。

蔡英文办公室发言人黄重谚事后声称，是由于导游家属向“府方”要求致送挽联，但陆客家属并未索取。黄重谚认为陆媒对台湾习俗较陌生，如果人家没来要挽联，“府方”送去他们是要挂还是不挂？无论是政治还是信仰理由都很尴尬。

（三）台湾部分媒体、网友态度偏激

台湾和大陆有着错综复杂的政治历史关系。台湾不乏很多支持台独的媒体和网友，他们对于大陆十分抵触。在此次事件中，很多媒体在网络等媒体上发布了很多有失人道主义的言论，对大陆遇难游客的遭遇幸灾乐祸。此类言论虽然不是所有台湾人的看法，但是也是占了十之二三，数量也是相当可观的。加之蔡英文当局关于两岸关系的立场，这些言论都将成为大陆游客赴台旅游的重大阻碍。

四、台湾旅游业危机管理透视

随着台湾全面开放大陆居民赴台旅游，台湾的旅游业迎来新的发展环境与契机。但台湾旅游业快速发展同时也面临一系列新的问题，需要台湾当局及时做出调整，抓住机遇，迎接挑战。

（一）加强旅游业的规范化管理，落实相关法律法规

对于旅游者而言，安全是目的地选择的重要因素。而市场具有自发性，旅

游市场的健康发展还是离不开政府部门的合理调控。对于车辆暗锁，台湾相关部门是明令禁止的，但是却在台湾旅游大巴当中屡见不鲜。而对于大陆游客的低价团情况，台湾当局相关部门也一直关注着，但是并没有实际有效的措施解决这个问题。此次事件将给台湾相关部门敲响警钟，对于旅游行业当中的不规范行为要及时采取切实有效的措施，落实现有的法律法规，规范旅游市场。

（二）加强从业人员培训，正视大陆游客诉求

本次事故反映出了许多台湾旅游业中存在的不足——司机拥有犯罪前科，司机严重酒驾仍旧成行，导游未对司机酒精检测……如果旅行社提高上岗门槛，导游例行检查，此次事件便可以避免。台湾旅游部门应对旅游从业人员加强培训，增强从业人员的安全意识和危机意识，严格按照程序作业。

由于政治历史原因，很多台湾民众对于大陆人仍持着敌视的态度。即使是在为大陆游客服务的岗位上，也有人员一边赚取大陆人的钱财，一边辱骂看不起大陆人。旅游本身是一种享受型、发展型的消费，台湾自身的旅游优势并不十分突出，得益于大陆方面的宣传工作，赴台游客持续增长。而台湾如果不视大陆游客为同胞，而是仇敌的话，大陆游客赴台旅游必将深受影响。这点可以从蔡英文上台后大陆游客量下降可以看出。大陆游客赴台旅游开放之后，当地旅游从业人员就应该摆正心态，尊重自己的工作。

（三）树立危机意识，健全危机管理机制

在此事件中可以看到很多大陆方面对于台湾当地举措不满的地方——遇难者家属通行证时间死板、蔡英文赠遇难台籍导游郑焜文“典范长昭”挽联，而未赠遇难大陆游客等。假设这些问题只是台湾方面危机处理不利，而非有心人士刻意而为的话，台湾的危机管理能力是有待提高的，需要建立健全危机管理机制。

一是随时预警和防范，对旅游行业中的重点难点加强监测。既然大陆低价环岛游已引起台湾有关部门关注，就应该马上致力于这个问题的解决。

二是及时应对和缓解危机，实现快速反应机构、快速反应方案、快速反应资源和法律法规的有机整合。

三是做好危机善后和修复。危机发生过后，会给潜在的旅游者和相关人员产生一段时间的消极心理作用。因此，危机发生过后，应直面危机，积极处理，极力扭转重塑旅游安全形象，做好危机心理干预，恢复旅游消费信心，总结及改进危机管理方案。

旅游危机恢复管理对策研究

第一节　各国政府应对旅游危机的管理差异
——以日本3·11大地震和中国汶川大地震为例

一、政府旅游危机管理的内涵

旅游危机对旅游业具有巨大的破坏性影响，一是限制政策，二是影响旅游目的地形象，三是削弱旅游者的出游动机（世界旅游组织，2003）。旅游危机管理体系包括政府、旅游企业、旅游从业人员和旅游者等行为主体，管理的途径主要包括沟通、宣传、安全保障和市场研究，政府在这四方面都具有无与伦比的优势（黄瑾，2003）。各国之间最重要的政治区别，并不在于政府统治形式的不同，而在于政府统治形式的高低（陈志军、杨兴，2011）。政府管理即政府能力，旅游危机处理是否得当，直接取决于政府能力的高低。

二、研究对象

（一）日本大地震简介

众所周知，日本是一个地震灾害频发的国家。北京时间2011年3月11日13时46分，日本发生里氏9.0级地震，震中位于宫城县以东的太平洋海域。震源深度20公里，并引发10米高的海啸。这次地震是日本发生史上最强地震，除了大量死伤，地震和海啸对苦苦挣扎试图摆脱“失去的十年”经济衰退期的日本来说，影响可能更为深远。不管是死亡人数还是经济损失，都是令人难以直面的巨大数字。部分国际旅行社表示，日本游短期内难复原。“3.11”大地震给日本旅游业造成了致命打击。大地震发生当月，赴日旅游的观光客比2010年激减70%，5月则减少50%，日本旅游业基本处于中断状态。当时，日本媒体《朝日新闻》发布的在华民调显示，9个城市、1700多名受访者中，近八成人表示“现阶段不想去日本旅游”。

（二）汶川大地震简介

2008年5月12日14时28分，四川省发生强烈地震，震中位于汶川县（北纬31.0°，东经103.4°），震源深度为14公里，极震区为沿发震断层向北东方向展布的狭长地带。全国大部分地区都有震感，甚至越南、泰国也有震感。地震灾区涉及四川、甘肃、陕西、重庆、云南、宁夏6个省（自治区、直辖市）。地震的发生对四川旅游业的发展产生了强烈的冲击，不仅造成了该地区旅游资源的大量破坏，更对旅游基础设施和服务设施带来了毁灭性破坏，不仅影响了四川省的旅游市场，也影响了全国的旅游市场。2008年汶川地震对四川省旅游业造成严重的冲击，对其入境旅游市场更是影响巨大。汶川地震导致四川蓬勃发展的旅游业瞬间跌入冰点。

三、地震对旅游业影响的一般特征

以史为鉴，通过分析日本阪神大地震、中国台湾“9·21”大地震和中国汶川地震，发现大地震对事发国旅游业的影响呈现以下特征：

长期来看，地震所带来的影响有限，不会改变行业长期向好的趋势，对旅游行业发展无影响。

短期来看，地震将对灾区及其周边地区的旅游产业产生较大的冲击，从这个意义上讲，国内其他地区或将因此而受益。

地震时伴随着国际金融危机，且危机对国内外旅游市场影响不一，除此特殊情况外，出境游市场恢复速度一般低于入境游市场，分别需要 1 年和 4~5 个月。

四、两国政府应对旅游危机的管理差异

（一）日本政府

1. 发布信息，让世界了解日本现状，消除负面舆论

地震发生后，日本政府从首相到地方官员没有对大地震后的受灾情况遮遮掩掩，反而是尽最大努力及时、准确地公开相关信息。与此同时，政府各个机构加强了对食品、饮用水的辐射值检查，信息数据也都在报纸、电视和互联网上全方位及时公开。尽管时而有令人担心的数据出现，但它客观上为游客创造了一个安全、安心的旅游环境，这对灾后旅游业的恢复有着重要意义。

2. 名人效应，化解公关危机

日本政府积极展开外交活动，保持与其他国家的互动。采取了“走出去，请进来”等策略。震后，包括观光厅长官沟畑宏在内的日本各界人士纷纷行动起来，走出国门大力推销日本旅游。同时，日本还借助外国媒体以及公众人物的影响力，积极邀请各国政要和旅游人士访日，让更多的人了解日本现状。正是在“请进来，走出去”的效应下，包括中国大陆以及台湾、香港，还有韩国的旅行团陆续访日，这对灾后日本旅游业的恢复起到很大的作用。

3. 现身说法，借力在日留学生

在复兴日本旅游业方面，日本政府走的是一条实实在在的“群众路线”。不仅政府卖力宣传，同时也很注重利用日本民间的力量。比如，为了完善日本全国的旅游设施以及改善和提高服务质量，日本观光厅 2011 年 7 月组织了一个 1100 人左右的留学生后援团，派遣他们分别前往日本全国各地，请他们从外国人的角度来给各地方的旅游部门提意见、出主意。通过这样的活动，帮助日本创造了一个更好的旅游环境，为外国游客提供更舒适和便捷的服务。与此同时，日

本政府还鼓励留学生借助新型的传媒工具如微博等，利用留学生们的海外人际关系，把日本良好的旅游环境宣传出去，让更多的人来日旅游观光。日本此次之所以能化解危机、让旅游业重整旗鼓，原因正如日本观光厅长官沟畑宏所说："这是日本官民一起努力的结果。"

4. 扩大海内外宣传，完善网络信息和服务

为提振外国公民赴日旅游信心，日本政府在有关网站上发布最新安全动态信息，日本独立行政法人国际观光振兴机构（通称日本政府观光局，JNTO）的13个海外事务所定期举行说明会。据报道，截至2011年7月底，日本观光厅和JNTO邀请世界各地数百家旅行社和媒体的近千人到日本各地考察，实地体验日本的安全状况和风光。另外，为完善旅游相关网络建设，日本在2012年内开设专门的中英韩文网站，并设立呼叫中心。为游客及时发布灾害、交通等信息，确保网站内容的准确性和有效性，今后还将面向外国游客实施问卷调查，了解信息需求。此外，政府以地震为契机，不断强化旅游相关服务，如，随着中国游客多次往返签证而启动的"冲绳—北京"直飞航线即将开通，冲绳县政府决定在北京开设事务所，将其作为招揽中国游客、拓宽本县产品销路的一个据点。

（二）中国政府

1. 政府大力扶持，积极开展重建工作

政府坚持以人为本，坚持科学发展和可持续发展，集中人力、物力、财力，集中精兵强将，做好规划编制工作。做到组织到位、思想到位、人员到位、工作到位，不折不扣地按要求、高质量、高效率地完成规划编制工作的各项任务，为灾区人民绘制出旅游业恢复发展的美好蓝图，为灾区旅游业再现勃勃生机奠定良好的基础。尽快恢复旅游业，不仅可以带动四川整个经济的有力反弹，而且也有利于人们心理的恢复，逐渐走出灾难阴影，投身到家乡的建设当中。

2. 展开旅游危机公关

灾后，成都市规划局和都江堰市政府组织召开了都江堰灾后重建规划概念方案专家座谈会，来自国内外10家知名规划设计机构80多名专家和市国土局、市防震减灾局、市旅游局等成都市级部门相关人员参会。座谈会上提出了都江堰灾后重建规划要避免简单"克隆"，着眼长远规划，充分依托都江堰得天独厚的自然资源促进城市发展。近期与远期、新与旧、城市发展与产业发展、城市功能与风景旅游、自然资源与城市发展、历史文化与城市发展、灾毁资源利用与重建规划、城市安全与经济发展，这8个方面问题将是参与都江堰灾后重建规划设计专家所需要考虑的问题。除此之外还应邀请更多的国内外专家学者到四川来，比如“邀请国外旅行商到川考察”“开通更多的国外到成都的直航航线”“组织志愿者到非灾区旅游”，等等。

3. 推出扶持政策，开辟新旅游线路

目前针对四川旅游市场的萧条，政府适当下调门票价格，降低报价。酒店、交通等也适时调价，吸引消费者。政府可开展有奖销售或部分免费进川项目，以超低价位在短期内积极拉动市场客源。在以短期安全为要务的时期内借助了其他省区的产品，结合自身优势项目，重新开辟安全线路。将甘肃、陕西、重庆等地的产品同四川的九寨沟、峨眉山等地的产品结合，刺激消费。

4. 积极对外宣传，重塑旅游形象

政府通过平面媒体营销、网络营销、记者实地考察、业界同行踩点、航空运营商合作等方式，坚持“引进来”“走出去”的模式，积极对外宣传四川旅游形象，说明地震灾害带来的影响是短暂的，不是持续性的，设法努力与其他地区加强沟通，重塑旅游形象。

五、总结

从中国政府与日本政府应对地震所引起的旅游危机的管理方法中，可以得出以下结论：

（1）两国政府在地震灾害突发的第一时间，都进行了强有力的抗灾救援活动。上至政府，下至平民百姓，政府根据自己的职能，进行合理的统一规划和分配，全面调控劳动力，尽早恢复当地城市原面貌。

（2）地震灾害使当地的旅游业受到了严峻的考验。两国政府，均发布可靠消息，切断不实消息的来源，如实对外宣传灾害情况，不含欺骗性，且指出其他地区的安全性，表示并不会受影响。

（3）不难看出，中国政府更多的是职能部门承担，即单方面地进行主要的策划。不论是危机公关、旅游形象的重新推广，政府更多的是以自己的职能角度去管理此次的旅游危机。而日本政府，在自己能力的基础上，借用“群众”的力量，尤其是海外留学生，站在游客的角度来思考如何进行旅游恢复。在灾害面前，最有权力说话的就是国外游客，因为他们的想法代表了大部分游客的主要感受。日本政府着力于留学生，并以此开展各种活动，在恢复旅游也上的确起到了至关重要的作用。

（4）在旅游危机公关方面，两者各有所长。中国政府依靠的是专家力量，学术性高，结果更加准确和具有可靠性。日本政府依靠更多的是名人效应，即公共人物。公共人物在某种程度上可以更加吸引旅游者的好奇心和兴趣。

不论是中国还是日本，两国在应对灾害危机面前所表现出的政府管理能力，在很大程度上都帮助了当地旅游业度过了最危急的关头。旅游危机的突发性、紧迫性、危害性等特点都要求政府应具备更加高效、有力和强大的管理能力。

第二节　政府旅游危机恢复管理探析
——以青海玉树地震为例

一、旅游危机恢复管理概述

学术上将旅游危机分为四个阶段：危机潜伏期、危机爆发期、危机治理期和危机恢复期。这四个阶段相互衔接、相互联系，但是当危机紧急事态得到遏制之后，危机的恢复工作往往得不到重视。旅游业的持续低迷时间往往要比危机事件本身要长很多，危机事件结束到旅游业完全复苏往往需要很长一段时间，因为旅游危机虽然过去，但是危机带来的损害仍然会潜在旅游者的心中并且保持一段时间，危机事件的平息并不意味着危机管理的终结，而是意味着将旅游危机转变为旅游业机遇的开始。当危机过后，旅游业如何尽快从危机影响中走出来，是摆在旅游管理者面前十分现实的问题。虽然危机恢复管理不像危机应急管理那样紧迫，但是如果在旅游危机发生之后没有及时地进行恢复管理的话同样会对当地旅游业的可持续发展带来致命性的打击。因此，要及时在“后危机时代”进行旅游危机的恢复工作，使旅游行业健康发展。

二、青海玉树地震分析

2010 年 4 月 14 日 7 时 49 分，青海省玉树藏族自治州玉树县发生里氏 7.1 级地震，还伴随着一系列余震，给地震灾区造成了严重的人员伤亡和财产损失。

（一）地震前玉树旅游业发展状况

西部大开发以来，青海省委领导非常重视旅游业发展，把旅游业作为推动资源转化战略，实施生态立省战略和推进高原旅游名省建设的重要举措。从 2006 年以来连续召开四次全省旅游发展大会，高视野地进行了富有青海特色的四大专项旅游规划，开启了青海省特色旅游产品开发的全新篇章，推进青海旅游规划的健康发展。另外，省旅游局还确定开展系列国内外旅游促销方案和活动，来宣传推广“大美青海”，旅游前景大好（岳杨，2014）。

（二）地震后玉树旅游业损失状况

1. 直接损失

据国家民政部初步统计，经济损失预计可达 8000 亿元左右。地震破坏最严重的就是人力资源的破坏。地震造成的人员伤亡大多是正在进行社会生产劳动的强壮劳动力，一方面导致在岗人员短缺，其中管理人员和专业技术人员的伤亡对具体单位的损害尤为严重，学校、医院和科研机构等培养人力资源的部门也遭到破坏，影响人力资源的可持续发展；另外，地震造成的家庭主要劳动力伤亡，会加重社会扶养老人小孩的负担；地震还使很多健康人变成了残疾人，破坏了社会劳动力。财产损失包括各种建筑物的毁坏、基础设施如交通设施、商业设施和电力通信设施的损坏，以及地震对自然资源造成的危害（唐非，2010）。

2. 间接损失

旅游业在这方面的损失尤为严重。据青海省旅游局调查，玉树地震发生后到 5 月 7 日，共有 246 个团队、6461 人取消 4~5 月的赴青海旅游计划。经营门店损毁 2598 间，面积达 1348326 平方米，直接经济损失 33250.66 万元。玉树旅游景点受到不同程度的破坏，损毁价值无法估计。8 月本来是青海的旅游旺季，但是宾馆大量客房闲置，十分冷清，旅行社无事可做，旅游景区游客数量大量减少，旅游业的发展跌入低谷，每况愈下。省旅游局在地震前的旅游发展规划也因为地震的影响，不得不面临重大调整。另外一系列和各大旅游企业合作的旅游项目的包装、引资计划遭到夭折。

（三）地震期间国家采取的相关政策

国家政府和青海省政府在震后出台的一系列政策性意见，具有很强的针对性和可操作性，对青海省旅游产业恢复振兴具有重要意义。

5月27日，政府出台《国务院关于支持玉树地震灾后恢复重建政策措施的意见》，提出以中央财政为主安排灾后恢复重建资金，统筹考虑、突出重点，并制定了系列税收政策、金融政策、土地政策、收费和基金减免政策、教育特别资助政策、就业援助和社会保险政策和扶贫政策等。青海省政府积极配合国家有关部门做好灾害评估、地质调查和编制《玉树地震灾后恢复重建总体规划》，并在5月下旬基本完成《结古镇（市）重建总体规划》等专项规划。6月9日，国务院正式颁布玉树地震灾后恢复重建总体规划。6月底前，陆续批准各项专规。

出台的相关政策充分考虑玉树地震灾区的特殊困难，汶川大地震灾后恢复重建政策措施和中央支持藏区发展、游牧民定居、生态移民等政策相衔接，更要从玉树地区灾后恢复重建实际情况出发，进一步加大政策优惠和支持力度。

三、地震危机恢复管理对策

旅游危机管理是综合性与复杂性并存的管理过程，政府、旅游企业、旅游行业协会和旅游者都置身其中无法推诿。而政府在旅游危机管理系统中处于核心地位，担任着危机管理的主要职责。另外，政府掌握大量人力、物力、财力资源，具有强大的组织动员能力，这些都是单个行业和企业以及非政府组织无法做到的，因此，笔者站在政府的角度提出地震危机恢复对策。

（一）评估危机状态

全面调查和检讨危机管理中的得失，能够为恢复原理提供决策依据。首先，评估危机源。其实就是回答这样几个问题：危机源是如何产生的？当初对它的分析是否正确？今后应该如何回避危机源的再次出现？第二点，危机预警。前期的预警工作是充分、及时的吗？基于预警的危机评估是科学的吗？如何改进和完善危机预警体系？第三点，计划的实施与调整。计划确定的原则是否得到有力贯彻？最大的难题是如何克服的？还有哪些缺憾？（成文浩，2010）

玉树 2010 年的地震其实也被预测到过。地震前一天，山西省地震局候马地震台工程师余向红就预测，在 2010 年 4 月 14 日到 2010 年 4 月 17 日，在北纬 32.7~33.7 度、东经 95.8~96.8 度的范围，即青海玉树附近，将发生 5.0~5.5 级的地震。他预测的时间和地点都对了，但是震级有些误差。地震危机的潜伏期是旅游危机的酝酿与形成时期，其演变是一个量变到质变的过程，有一定的隐蔽性，但是总会有一定的征兆。

政府应该根据青海玉树的情况重新评估危机，评估其影响力和类型，修订危机管理方案，来提高危机管理能力。

（二）出台相关政策

地震后，政府应该持续高度关注和重视玉树的灾后重建工作，出台系列关于玉树地震灾后恢复重建工作的指导意见，在严格保护生态的前提下，加快修复旅游景区景点以及基础设施，提升旅游服务质量和水平，为青海藏区的发展提供难得的机遇。

1. 制定行业优惠政策

制定行业优惠政策，对玉树的旅游行业组织，如民航、饭店、旅行社、餐饮娱乐企业等提供低息贷款或津贴等形式进行补偿，减少各类旅游行业组织所承担的损失。

2. 基础设施的重建

基础设施的重建不是简简单单地把建筑物重建起来，或是单纯地把道路交通设施、供水供电等设施恢复起来，而是要根据对危机的评估效果，考虑再次爆发危机时，基础设施对危机的抵抗能力。青海玉树地震为 7.1 级，因此政府应该在尊重当地居民的前提下，投入大量资金，修复被破坏的基础设施，加强抗震建筑的建设，提高旅游设施的等级水平和使用的方便性，保障人民生活和旅游业正常有序地进行。

3. 启动地震危机沟通战略

政府要及时制订危机管理计划，定期对地震危机管理计划进行预演排练，并不断修正完善。任命专门的发言人并进行安全保障方面的培训，设立媒体沟通部门，坚持诚实透明的原则，与媒体进行经常性地信息沟通，进行良好的合作。

4. 设立旅游危机管理储备基金

我国 GDP 每年都在稳步增长，而用于危机管理和危机公关的资金却并未得到相应的重视和提高，尤其是对社会公共事业的投入比例较小，因此，青海政府应该提前设置专门应对危机的基金，并且详细规定使用危机基金的前提要求，建立相应的制度对危机储备金的使用进行监督，从而在面对危机时能够快速灵活地调用资金，应对紧急情况。另外危机过后额外的促销和沟通活动等都需要相应的资金。

5. 建立安全保障系统

制定旅游行业的安全保障措施，发起成立由旅游从业人员组成的安全工作组，鼓励旅游行业的公共安全和私人安全机构之间建立合作伙伴关系。组织建立能用多国语言提供援助的旅游警察队伍和紧急呼救中心。在地震危机之后还要及时评估安全保障系统，保证其在地震危机结束后仍然正常运转。另外，政府还应该通过奖励先进和建立旅游者投诉服务等方式，不断提高改善服务质量。

对当地旅游从业人员进行安全保障培训，在面临危机时能够从容应对。另外，利用各种渠道对公众进行安全知识的宣传教育，提高旅游者的风险承受能力。

6. 常设危机管理机构

国家政府应该设置常设危机管理机构，负责协调各个部门的应急措施。将具体情况下所担负责任的部门和机构进行细分，明确各部门职责。一旦爆发公共卫生危机或者自然灾害危机时，就全面启动并运行危机反应系统。计划可以细化为交通、公共救援、健康和医疗工作、消防等在内的细分领域，并且使各部门有效合作，相互协调，发挥危机反应系统的高效作用。

（三）重塑旅游形象，恢复市场信心

玉树地震给灾区造成的巨大破坏以及人员伤亡受到了中国社会乃至国际社会的广泛关注。长时间的媒体报道引起旅游市场对青海旅游安全问题的普遍关注和恐慌。一时间，游客纷纷取消来青海旅游的计划，导致青海旅游业一片萧条，再加上持续不断的余震影响，旅客的安全恐慌持续了很长的时间。因此在

青海旅游业的全面恢复和重建过程中，重新塑造青海旅游目的地的安全形象，是安抚游客情绪、消除游客心理阴影和恢复市场信心的关键。

1. “超积极沟通”

玉树地震发生以后，各级政府高度重视，抗震救灾工作和英勇感人的事迹感动了国人，但是电视报刊几乎没有从旅游的角度提及旅游目的地情况，如游客是否能够安全进出旅游地和旅游景区的破坏程度等。在地震危机之后，与公众和潜在旅游者的积极沟通非常关键。政府应该在诚实透明的基础上，抓住全国甚至全世界的媒体都聚焦在青海这个机会，借助媒体宣传的契机进行事件营销，结合青海丰富独特的自然旅游资源，通过宣传片的形式向媒体展示旅游目的地震后情况，并向人们传递：珍惜身边的人和事，将工作的烦恼抛之脑后，和亲友走进大自然体验纯净的美好。

2. 保障信息完备畅通，提升政府公信力

地震危机事件之后，一方面，政府可以借鉴美国政府在“9·11”事件后的经验，设立专门的频道对危机事件进行 24 小时实时、全方位的播报，也可以建立开放给全社会的伤亡和失踪人员的数据库，透明地发布信息，增强政府权威。另一方面，利用媒体呼吁全人类和全社会机构伸出援手、献爱心。

3. 策划名人旅游

可以组织策划省市级政府官员对青海玉树进行考察旅行，并跟进报道，向公众展示危机过后的恢复情况。一方面，由于媒体十分关注政界名人的行径，玉树的曝光率也会随之上升，另一方面，政府官员来玉树旅游，会在无形中增加旅游者对玉树的旅游信心，通过宣传扭转旅游危机在旅游者心目中形成的消极形象。

（四）加大宣传促销力度

1. 细分旅游市场

随着旅游市场不断发展，旅游动机多种多样，旅游者对旅游产品的选择也是不尽相同。要深入进行市场研究，对潜在游客和主要客源市场的合作伙伴，有针对性地调整促销活动计划，改变被破坏的形象。玉树的生态环境要求游客数量不能突破生态承载能力。因此玉树旅游的定位可以偏向高端，以悠远、神秘的藏文化为核心，以绝无仅有的自然景观为依托，吸引偏向高端文化体验、追求挑战自我的中高端旅行者游玩。另外针对青海玉树地震这一特殊事件，可以将侧重点瞄准有经验和有特殊兴趣的旅游者，这类旅游者往往对危机事件的风险感知程度较低，需求弹性较小，不会被危机事件吓跑，反而会被吸引。

2. 突出资源的独占性

玉树的自然文化资源在全国乃至全世界都具有较为强烈的独占性，藏文化的根源和三江源头都是其他地区不可比拟的独占性资源。因此政府要注意当地民族文化和原生态旅游资源的整合，对赛马会、藏獒节等富有民族特色的旅游节日大力宣传，并且通过加大媒体宣传介绍玉树的秀美风光，普及高原保健知识，消除游客对于高原生态旅游的畏惧心理。

3. 开发特色旅游

政府可以鼓励玉树开发特殊兴趣旅游，如黑色旅游。以开发黑色旅游为事件营销的媒介，客观上有利于提高玉树的知名度，吸引投资改善当地基础设施。由于黑色旅游的特点，旅游者在游览过程中心情比较沉重，可以在涉及旅游线路时将其他形式的旅游资源穿插其中，缓解旅游者心情，增强其对旅游体验的满意度。可以和玉树独特的高原生态旅游相结合，实行“嵌入式”的开发策略。

（五）充分调研客源市场感知

要针对潜在客源提供个性化服务，就需要采用多种形式与潜在游客进行沟通，通过电话、邮件和书信等方式，研究潜在的旅游者和调查贸易伙伴，确定他们是否已经做好出门旅游的准备以及他们对旅游目的地的感知和印象，进行第一手资料的收集和整理，再将这些信息及时有效地反馈给旅游相关部门，对症下药，采取行动纠正被破坏的形象，扭转潜在游客对青海玉树的感知。对于青海玉树来说，周边地区是最主要的客源市场。政府应该深入研究，通过在线问卷和电话访谈等形式来了解他们对震后玉树的感知印象，并且了解他们准备在什么时候和什么情况下来玉树旅行。针对调研结果，做出相应营销计划，及时进行市场宣传。

第三节　旅游危机管理预警对策研究初探
——以云南导游谩骂游客为例

旅游景区在实现其目标的过程中，总会遇到一些难以预料的事情或事件，导致旅游景区难以实现其目标，甚至危及旅游景区的生存。危机几乎无处不在，导致旅游景区发生危机的因素错综复杂，一个不容忽视的原因就是旅游景区无力协调内外环境变化，缺乏有效的危机预警管理，对事前的危险信号视而不见，以致到危机爆发时才发现管理中的漏洞，但为时已晚。旅游景区危机预警管理是以危机管理理论、预警管理理论和系统论为依托，建立在对传统管理理论局限改进的基础上的一种旅游景区危机预警、预控方法和过程。其目的在于防止和矫正旅游景区危机诱发因素的发生和发展，保证旅游景区系统处于有秩序的安全状态，真正做到旅游景区处变不惊，防患于未然。旅游景区危机预警管理系统由旅游景区危机监视系统、旅游景区危机测试系统、旅游景区危机预报系统和旅游景区危机预控系统四要素组合而成。但旅游景区危机预警管理系统不是以上四要素的简单组合，而是以上四要素根据一定的时间先后关系所组成的有序整体。旅游景区危机预警管理系统通过旅游景区危机监视系统获得危机信息，然后由旅游景区危机测试系统分析预测危机的程度，再由旅游景区危机预报系统预报危机，最后由旅游景区危机预控系统提出干预、控制旅游景区危机的管理对策和建议，并指出调控旅游景区危机的外在影响因素和内在诱因要素的途径与手段，以帮助旅游景区作出决策。

一、云南导游谩骂游客时间分析

五一小长假期间，云南再爆导游谩骂游客事件，当地一位导游因为嫌游客购物少而大发雷霆，语言极具侮辱性，被游客偷拍视频后曝光。

时至今日，随着民众物质生活的提高，特别是商品流通市场高度发展以后，游客对于在景点所在地购物已经没有兴趣，因此导游为了得到游客购物回扣而与游客发生矛盾是必然的。

近年来，中国游客海外游已经蔚然成风，这当然表明了富裕起来的民众旅游层次的提高。但值得警惕的是，在赴海外旅游的中国游客中，在海外市场购物也热火朝天，这给了一些从事海外游的旅游企业以低价拉游客的市场机遇，但支撑这种低价游的同样是海外商场给予旅游企业以及导游的高额回扣。在中国消费者对海外优质产品仍然热衷的情况下，这种模式或许还有市场，但是随着国家对外开放程度的不断提高，特别是国家对海外进口商品不断减免关税见效以后，这种以购物回扣来支撑旅游业的经营模式同样会遭遇危机。

不断发生的导游与游客的争吵、谩骂，确实有导游素质低下的因素，但更重要的还是在于旅游行业扭曲的经营模式使旅游从业人员的心态出现了扭曲。这种扭曲的背后则表明，整个行业都以不计利润的低价来展开竞争，对这个行业无异于自杀。旅游企业应该看到这种危机，开发优质深度游之类的旅游模式，合理收费，重塑与游客的良好关系。对于旅游市场的管理部门来说，在严查谩骂游客的不文明导游的同时，还应该正视这个行业扭曲的经营模式，对于那种以低于经营成本的价格拉客的经营模式，应该视为不正当竞争，依据相关法律进行监管，让旅游市场恢复到正常的业态。

二、旅游危机管理预警对策

（一）建立危机管理制度，成立危机管理组织

旅游危机管理组织的主要职责是全面搜集整理旅游企业危机管理方面的信息，定期分析、研究企业可能发生的危机，对危机潜伏期的信息、情报及时处理，分析危机发生的概率以及危机发生后可能造成的负面影响，做出科学的预测和判断，制订危机预案，实施有效的危机处理措施，及时组织处理各种突发事件。

（二）建立企业危机管理预警系统及危机处理系统

旅游业牵连广泛，节点众多，当一场危机来临或即将来临时，旅游企业要迅速进行信息的收集、信息的分析判断、信息的传播、信息应对措施的制定和信息的反馈，从而形成保证信息及时、准确、全面、高效运作的系统，这个系统就是旅游突发性危机预警系统。这个系统通常由四个子系统构成：①信息管

理子系统；②风险评价子系统；③预测预警子系统；④预警决策子系统。旅游业的危机管理体系、信息系统和预警系统必须形成制度、常备不懈，一旦发现危机或可能预测到的危机，应能够立即向政府有关部门通报情况，并进入应急响应，积极主动地承担危机管理的责任。

（三）培养企业员工的危机意识和战胜危机的信心

危机意识是一种竞争意识、超前意识、激励意识，是一种有效的凝聚剂，能够使企业在危机来临或即将来临时统一思想，临危不乱。企业应把危机管理的思想融入企业文化之中，企业管理者要常怀忧企之心，常思防危之策，要强化企业员工的危机意识，使员工牢固树立与企业共同承担危机与风险的主人翁责任感，把危机意识转化成战胜危机的信心。有条件的企业可以进行危机模拟训练，提高员工应对危机的整体能力，在危机发生时发挥集体的力量共渡难关。

（四）畅通信息沟通渠道，开展危机公关营销

旅游业危机管理的主要途径有四个：沟通、宣传、安全保障和市场研究，其中，良好的沟通是成功的危机管理的关键。危机发生或即将来临时，企业要迅速启动预警系统，针对企业自身的实际，建立与新闻媒体、旅行商、战略合作伙伴以及公众的信息和感情沟通渠道，开展危机公关营销，及时向公众传递有关信息，将危机管理举措、步骤、进度等细节透明化，帮助社会及公众树立起应对危机的信心。

（五）建立旅游企业的保险制度，争取金融救助和财政支持

随着旅游各环节中的自然灾害、意外事故、法律风险和违约责任等风险的日益突出，我国旅游企业旅游风险分摊和化解的手段和机制仍然不健全，保障范围窄，投保人数少，市场竞争不规范，因此，加强旅游企业保险工作，建立旅游企业保险制度，不仅必要而且急需。与此同时，旅游企业要呼吁政府给予各项政策支持、金融救助和财税措施支持。在国际金融危机发生后，国家旅游局实行了向旅行社暂退部分质量保险金的措施，退还比例达 50%~70%，总计退还旅行社质量保证金 18 亿元，帮助旅游企业渡过了难关，走出了低谷。

第八章 旅游危机管理机制与制度建设

第一节 旅游企业危机管理标准体系的建立

一、新形势下我国旅游企业面临的危机

（一）产品危机

旅游企业的产品危机主要表现在旅游企业由于本身经济实力的限制，在旅游产品的开发过程中投入的资金较少，造成产品质量比较低，使旅游企业面临产品方面的危机。

（二）信誉危机

旅游企业的信誉危机主要是指旅游过程中各种不守信现象的出现。最为突出的就是在旅游过程中回扣现象的频繁发生，旅游企业在宣传过程中对于广告信息的真实性没有严格的规定，虚假广告的产生等一系列因素都导致旅游企业面临着巨大的信誉危机。近年来，随着旅游业的飞速发展，旅游投诉事件也在一路攀升，一些黑社或超范围经营，或非法、变相转让许可证，或采用零团费与负团费欺诈客户，或使用虚假广告，或出现黑车、野导、回扣等现象，导致旅游企业信誉危机严重，其影响殃及整个旅游行业。而人才危机主要是因为某种原因，掌握企业核心客源与商业秘密的人员及外联、营销等方面的企业骨干突然离职，对旅游企业的经营管理活动造成困难。

（三）价格危机

旅游企业的价格危机的产生，一方面是因为近年来国家各项调控政策的实施，很多企业大规模进军旅游市场，造成旅游市场的竞争加剧和产品价格的降低。另一方面是由于各个旅游企业的实力不同，在定价的过程中，产品定价参差不齐，对于顾客的接受能力和其他旅游企业的定价策略没有深入的认识，造成定价中的失误。而且随着旅游市场的兴盛，在整个旅游行业中也出现了一些恶意压价的行为，造成整个旅游行业面临价格危机。目前，我国的旅游企业普遍规模小，对于产品的开发、营销和推广等所下的功夫少，而且投资不力，常常会出现一家企业开发、众多企业搭车的现象，一是导致旅游产品的质量标准化程度偏低、产品往往重复利用，甚至压价竞争，二是导致产品的质量参差不齐，进而造成产品质量低劣，使旅游产业危机四伏。价格危机主要源自于旅游企业的内部与外部两大方面。外部一般是因为政府调整，出现新的竞争对手和低价策略的使用等；内部则主要是受到本身条件、实力与规模等限制，造成产品的价格居高不下。同时，企业在定价策略上也会低估竞争对手的能力，或是高估客户的接受能力等。以上种种因素都有可能造成价格策略的失误，从而导致产品滞销、市场占有率不断下降。近年来，由于一部分旅游企业者以低标准和低价格恶意压价，旅游行业正面临严重的价格危机。

（四）财务危机

我国的旅游企业由于倾向于投资景点、景区、宾馆、酒店等硬件设施，导致固定资产等长期资产所占总资产的比例很高。这部分资金比率过高，就表示企业的流动资金停滞，从而影响资金利用的效果。流动负债率能够反映出一个企业依赖短期债权人的程度高低，这一比率越高，就说明企业对短期资金的依赖程度越强，企业偿债的流动性压力就越大，风险也就越大。所以，为保持资本结构的安全稳定，这一比率不能过高，需保持在一个相对较低的水平上。

二、新形势下旅游企业危机管理中存在的问题

（一）缺乏危机意识

现阶段由于我国的旅游企业发展历史较短，企业的管理过程中还存在很多漏洞，尤其是在危机管理中，旅游企业大部分没有危机意识，在运行过程中对于各种矛盾没有进行彻底的解决，长此以往就会造成旅游企业发展过程中各种危机的产生。

（二）没有建立专门的危机管理机构

现代旅游企业发展过程中，主要注重的是业务能力的提升，在管理方面没有成立专门的危机管理机构。当旅游企业面临危机的时候，处理过程往往出现混乱，没有具体机构进行处理。而且危机管理机构的缺失，也使得企业无法对一些存在的潜在危机做到有效的分析。

（三）不能很好地利用媒体的力量

旅游企业面临的危机中最严重的是信誉危机和产品危机。这两种危机一旦爆发，会在短时间内造成旅游人数的减少，给旅游企业带来巨大的经济损失。而信誉危机和产品危机往往是通过社会舆论进行扩散的，所以媒体在其中发挥的作用可想而知。但是现阶段很多旅游企业没有充分认识到媒体在企业有效处理危机中发挥的作用，没有与媒体建立和谐的关系。

（四）没有有效的危机预警体制

建立有效的企业危机预警体制可以在危机发生之前做到有效的控制，在危机发生之后根据所掌握的情况进行正确的处理。从目前情况来看，很多旅游企业对于危机预警体制还不够重视，没有建立健全的危机预警体制。在企业的正常运转过程中不能及时地发现导致危机出现的因素，也谈不上将这些不利因素在危机还未发生之前进行处理。

三、新形势如何建立旅游企业的危机管理标准体系

（一）引导旅游者改变固有行为模式

旅游者的生活方式和旅游行为模式会在不同程度上受到危机的严重影响。在危机发生之后，其所造成的负面影响仍然会长期潜伏在旅游者的心中，并保持相当长的一段时间。深入研究危机事件之后旅游者行为模式的发展变化，有助于及时而合理地设计与推出新型旅游产品，从而满足人们的需求。从目前来看，安全顺畅的旅游行程、文明有序的旅游安排，将成为人们在选择旅游项目活动时的首要要求。旅游企业应当顺应危机之后旅游者所可能出现的行为模式，积极引导旅游者实现行为模式的变化，从而促进旅游者旅行愿望的达成、旅行信心的恢复及旅游目的的全面实现。

（二）提高企业抗风险能力

我国旅游企业长期存在着“小、乱、差”等情况，表现为旅游产品十分单一，内部管理较为落后，企业规模偏小、竞争能力不够强。针对这一状况，旅游企业一方面要着力加强自身建设，不断提高自身抵御风险的能力。另一方面，要通过兼并、联合等各种方式，从而实现集团化发展，要积极运用跨行业经营与跨地区经营的方法来分散风险。

同时，要积极实施现代企业制度改革，从而实现投资主体的多元化与股权的多元化，以实现风险共担。旅游企业还应加大新产品建设与结构升级的步伐，要依据人们心理需求的变化，逐步推出度假游、生态游、自助游、自驾游等新型旅游产品，使旅客能真正游得满意。

（三）合理运用现代信息技术手段

现代信息技术可谓是日新月异，但是，我国大量的旅游企业对各类技术的应用还不够充分。因此，旅游企业应当积极尝试运用网络开展网上查询与预订，并积极在企业内部实施网络化管理，从而提高对于各种突发事件的防范能力与反应速度。

（四）切实树立危机意识

旅游企业要着力培养与强化管理人员和员工的危机意识，营造一种危机教育的氛围。在旅游企业的危机教育中，不但应注重单纯技术层面上的强化，更要不断强化危机处理之前的心理建设，从而提高旅游从业人员承受各种危机、处理各种危机的能力，建立起面对危机的必胜信念。在服务的态度上，要做到以客户为中心，充分考虑、全面满足客户的安全、健康与舒适等各类需要。总之，要通过危机意识教育，使员工深切地了解到本人前途与企业的命运紧密配合、息息相关。

（五）及时建设危机预警系统

如何做到在危机来临时保持不被动，仅仅有危机意识还是远远不够的，还应建立起危机预警系统。有了良好的危机预警系统，就能及时捕捉企业即将面临危机的各种征兆，从而提前为各类危机提供切实有效的应对之策。建设危机预警系统，主要应扎实做好以下工作：一是要组建企业的危机管理组织；二是要建立起危机预警机制，并明确危机的级别；三是明确危机处理程序与实施细则。

（六）注重实施危机公关措施

由于危机情况的出现具有突发性、不可预测性及紧迫性，所以，尽管事先已严格制订出危机应变的方案，但是由于不可预知危机的具体存在，任何的事先防范措施都难以做到万无一失。有效的危机应对措施，能帮助旅游企业尽快从危机之中摆脱出来。所以，凡是有损于企业社会形象的工作都不能开展；当企业具体利益和维护社会形象发生矛盾时，应当毫不犹豫地放弃具体利益。只要旅游企业能因势利导，积极地趋利避害，并把握好危机公关的各个过程与步骤，加强舆论引导，就能顺利渡过难关。值得一提的是，如果一些危机事件处理得当，还是一个很好的为企业改善品牌形象与提高品牌美誉度的良机。

第二节　国内外政府旅游危机管理机制对比研究

一、研究意义

基于旅游业在各地经济发展中不可忽视的作用，一旦出现旅游经济滑坡，就会导致大批旅游从业者失业，引发社会保障体系压力增加等连锁反应，从而触发新的社会危机，点燃新的舆论热点，引起民众的不满。如此一来，政府将会面临滚雪球般的压力。当危机发生后，如何顺利地度过危机并巧妙地将危机转化为机遇，需要政府和旅游企业在危机期间运筹帷幄，实施危机管理。政府作为旅游业发展的战略指挥者、操作协作者和规范保障者，需要更多地关注政策指导、社会协调、信息引导和法律规范手段，规范市场秩序、推进市场促销、提升产业素质。这些都决定了政府在旅游危机管理中需要肩负起更加重大的责任，需要建设一套完善的旅游危机管理机制，在旅游危机的潜伏期、发生期和恢复期分别建立危机管理的预警、救治和恢复机制。

二、我国政府旅游危机管理机制

我国旅游业近年来发展势头迅猛，旅游收入屡创新高，在国民经济中占据了越来越重要的作用。国内游一直是我国旅游业发展的重中之重，出境游也是发展的重点。但中国也曾遭受到恐怖事件的影响，尤其是在西北等少数民族区域。在北京奥运会前夕，2008 年 8 月 4 日 8 时许，2 名暴力恐怖分子驾驶偷来的大卡车，冲入新疆喀什公安边防支队出操队伍，并使用刀具和自制爆炸装置进行袭击，共造成武警战士 16 人死亡，16 人受伤。再如“3・14 事件”后，仅甘南地区 2008 年上半年旅游接待总人数就比上年同期减少 47.94 万人，下降 61.68%，旅游业综合收入减少 8539 万元，下降 60.99%。

在众多事件发生后，我国政府也在逐渐完善旅游危机管理机制，但仍有以下不足。

（一）缺少常态应对机制

旅游产业发展中片面追求和注重经济效益，短视现象比较严重，危机应对意识普遍淡漠，忽视旅游生态恶化，对旅游社会问题关注度和敏感度不够，致使危机到来时惊慌失措，出现大面积社会恐慌；旅游危机到来时，先有媒体和政府予以报道披露，其后各方利益相关者给予重视，形成媒体密集式报道、政府官员大规模调研、相关人员大量出动、企业快速淡出、旅游者退团的链式反应，旅游产业发展生命周期发生转折，危机旅游目的地一时成为舆论焦点和关注热点，但这样的模式不能更持久，等旅游危机相对稳定或事态完全平息，则形成政府官员淡出、相关人员退出、企业迅速进入、媒体失语、客流集聚形成“井喷”的不正常链条反应，危机管理工作让位于旅游产业开发和经济发展。整个过程表现为典型的“n”字模式。一旦危机再次发生，或悄然延续，又不得不沿袭已有模式，再次整合力量开展应对，不但错失最佳处理时机，也使危机应对成本数倍加大。

（二）缺少多元主体参与平台

旅游危机事件爆发后，各级、各类政府多发挥主导职能，以权威性姿态压倒一切，积极整合资源，开展动员、维稳、宣传、重建等善后工作，而学者、居民、企业和民间力量等相对处于边缘地位，未能发挥应有作用。以西部少数民族地区为例，由于西部少数民族地区经济落后，信息传播系统建设相对迟滞，信息和文化传播渠道多样，加之该区域信教群众数量多，宗教类型多样。所以，宗教尤其是高层僧侣和相关团体的舆论引导作用不可小觑，是应对危机不可忽视的主要力量，可和官方主流力量互补互济。

（三）危机解读模式难以适应社会发展需求

对旅游危机发生的报道仅停留在简单叙述层次，对诱因、特点缺少多维度分析和深层次理论探究，甚至有意无意放大不相关原因和部分后果，将人为因素完全归结于自然灾害，将简单的犯罪治安因素与民族、宗教、社会文化相联系，形成错误解读，在受众中形成极其不良的心理和行为误导效果，不能为消除潜在危机治理提供科学指导和理论依据，致使科学有效的应对政策和策略难以及时形成。

三、美国政府旅游危机管理机制

美国是当今世界最发达国家，也是旅游业发达国家，但近年来除了自然灾害外，人为的恐怖袭击频发，造成了一系列旅游危机。最典型的莫过于2001年的“9·11恐怖袭击”事件，美国纽约世贸中心和华盛顿五角大楼被恐怖分子袭击，造成3000多人死亡。美国“超强”和安全形象受到严重挑战，旅游者出游信心降低，入境旅游团和航班纷纷取消，旅游业受到重创。作为一个人道主义国家，美国在经历了种种危机之后在组织、制度和机制等方面进行了积极探索和创新：

（一）加大立法

美国先后颁布了《爱国法》《国土安全法》《反恐怖主义法》和《全国紧急状态法》等法规，从制度上保障国民的生命财产安全，同时为明确权责关系、追究失职者责任提供了明文规定。

（二）加强安全监控

美国采取多种手段加大安全监察力度，如每天出动飞机航拍安全形势图片；出动警车巡逻，竭力将不安全因素扼杀于萌芽状态。

（三）健全机构

美国在1979年成立了联邦应急管理局（Federal Emergency Management Agency，简称FEMA，中文“费马”），统一负责全国旅游危机事件管理，“9·11”事件后，美国鉴于以往管理模式分散低效的弊端，成立全国性应急机构——国土安全部（Department of Homeland Security，DHS），将“费马”（FEMA）纳入其中，以协调方式，专门负责应对各类紧急事件；在州一级成立“突发公共事件管理办公室”，负责评估和开展自我救助；还成立了专业性危机应对机构，各自负责治安、消防、医疗急救等旅游公共服务。

（四）制订预案

美国组织各行业专家编制了《国家应急反应计划》（Federal Response Plan，

FRP），指导开展旅游危机管理工作。

（五）实施特殊财政税收政策

美国通过减免税收、提供相关基金和贷款等手段积极扶持旅游企业，帮助其在危机发生时渡过难关。机构和制度的完善使得美国旅游危机管理综合能力显著提高，也为国家旅游业安全提供了坚实保障。

四、印度尼西亚旅游危机应急管理机制

印度尼西亚（简称印尼）位于东南亚，国内少数民族数量众多，民族文化各异，岛屿风光和热带气候独特，是世界典型旅游目的地，旅游业收入在国民经济中所占比重达 5%。其中的巴厘岛尤为著名，被称为"花之岛""诗之岛""天堂岛""南海乐园""神仙岛"，游人如织，每年外国观光游客超过 500 万人。但是，印度尼西亚旅游危机问题也十分突出。一是恐怖主义威胁，如 2002 年 10 月 12 日恐怖分子袭击巴厘岛，造成 200 余人死亡，400 多人受伤，危机发生后，游客都逃散回国，不敢再来，各类旅游接待设施大量闲置，小公司则纷纷倒闭；2005 年发生了多起连环性自杀性爆炸案；2009 年恐怖分子再次制造炸弹爆炸案，造成多人死亡，游客锐减。二是自然灾害。2010 年，苏门答腊岛西部海域发生里氏 7.7 级强震，触发海啸，造成至少 30 人死亡，17 人受伤，旅行团出游受到影响。针对旅游危机带来的冲击，印度尼西亚政府及时采取了措施作出应对。

（一）坚决打击恐怖主义

政府改变以往暧昧态度，将"伊斯兰祈祷团"等组织列入恐怖主义名单予以打击，逮捕了包括关键人物阿姆鲁兹和穆赫拉斯在内的 20 多名参与袭击的恐怖分子，使社会秩序趋于安定。

（二）重塑形象

在自然灾害发生后，政府和旅游部门利用户外广告、网络、电视等渠道，对本国旅游安全进行宣传，吸引游客和居民眼球；组织"大使之旅"等活动，邀请和组织国际著名人士前去观光、考察；为宣传旅游安全，旅游局还组织西

亚 7 名少年用 5 年时间进行徒步环游世界，向世界证明印度尼西亚依旧是世界上安全地区和最佳旅游目的地。

（三）实时价格策略

在恐怖事件和海啸发生后直接采取价格策略，开展价格促销活动以刺激客源市场。以上措施给世人留下了深刻印象，打消了部分人内心的安全忧虑，取得一定成效。

五、国外旅游危机管理机制的经验及启示

（一）理性看待旅游和危机的关系

首先，旅游业的发展绝对不是一帆风顺的，必定会出现波折，其原因之一就是各类危机的不可预见性。目前旅游业发展处于全球经济一体化、世界格局深刻转型、旅游产业大融合、危机频率增多、危机影响范围广的大背景下，因此目的地必须树立危机意识，关注和研究旅游危机的特点、机制和对策，及时应对旅游危机并降低其危害。其次，全面分析危机对旅游业的影响。一方面，旅游业高度的关联度和敏感性以及旅游危机的突发性、破坏性，使旅游目的地发展受到干扰和破坏，导致客源骤减、形象受损、产业萧条，甚至一度陷入困境。国外印度尼西亚、美国的恐怖主义对旅游业发展造成的负面影响都十分巨大，危机的冲击不可小觑；另一方面，危机蕴藏机遇，旅游危机事件有助于提高旅游景点和目的地知名度，优化产品结构，对拓展潜在客源市场、取得突破发展具有一定价值。

（二）管理旅游危机必须制定国家安全战略和采取务实化策略

一方面，从经济社会整体运行大局和长远利益出发，政府需将旅游危机管理纳入国家安全范畴和体系，力求构建完整的应对体系和框架，从战略上实现人口、环境、经济社会的协调与可持续发展；另一方面，不可盲目地照搬外国模式，而是根据本国国情，采取务实性、特色性应对策略和路径。如印度尼西亚开展宣传促销，利用工作招聘事件效应，加强了目的地、媒体和客源的沟通，重塑旅游目的地新形象，实现了旅游产业重振和恢复发展；美国则与时俱

进，通过政府制度和组织创新，依靠强大经济科技实力，构建了立体预警平台及常态化应对机制。政府应针对危机在不同时期的演化规律，构建危机管理战略体系，及时增强游客对目的地的亲和力、安全度、信赖感，提高旅游竞争力。

第三节　旅游企业诚信建设现状

近年来，随着国民预期收入的增加和闲暇时间的增多，旅游业得到快速发展。为了适应行业发展需求，国家放宽了出境购汇限制，降低了酒店、旅行社的准入标准，并且鼓励社会资本和民营资本进入交通运输业，这些政策在很大程度上加快了中小旅游企业的发展。但由于一些中小旅游企业往往缺乏行业自律，盲目追求经济效益，使得整个行业的诚信体系受到严重考验。缺乏诚信的竞争会导致整个国家旅游环境破坏，这不符合世界旅游大国的形象，与世界旅游服务贸易发展的目标也是背道而驰。

一、旅游企业诚信的概念与内涵

诚信，即诚实无欺、信守诺言。与个人诚信不同，当企业作为一个道德行为主体时，由于其经营活动中涉及多个利益相关者，其内在诚信动机、运行机制、实现路径更加复杂。具体到旅游业，与有形商品相比，旅游企业（旅行社、饭店、旅游交通、景区景点和旅游购物商店等）提供的大部分旅游产品和服务具有无形性、生产与消费同步性、异质性等特点，这使得旅游者在购买时很难看到或触摸到。为了降低购买风险，明智的旅游者会更看重一家旅游企业的信誉，推断该企业是否会诚实守信地做出承诺并按照合同履行各项服务承诺，进而做出购买决策。由此可见，诚信是旅游企业吸引消费者的一种重要无形资产。

（一）国外学者对诚信的定义

对于旅游企业诚信的概念，国外缺乏直接的研究成果，但从心理学、经济学、社会学、管理学、伦理学、哲学等视角对诚信的概念等基本问题进行了深入探讨，例如，心理学将信任视为社会个体相对稳定的个性特征，研究目的是探讨个体的人格特点和心理过程，以及信任者和被信任者的属性。Deutsch(1958）在著名的囚徒困境实验中阐释了人际信任的程度会随着情境而改变，被视为心理学信任研究的经典文献。社会学认为信任是社会关系的重要维度，研究重点是信任的社会功能，关注制度和文化等社会因素对于信任的影响。Luhmann（1979）作为社会学领域信任研究最具有代表性的人物，提出信任是嵌在社会结构和制度之中的功能化社会机制，其功能是简化复杂性。经济学领域对信任的解释比较具有代表性的是 Arrow（1994）的观点，他将信任解释为含蓄的契约，具有契约“润滑”经济交易的功能，经济学视角下的信任更加突出人的理性选择。

（二）国内学者对企业诚信的定义

国内学者对企业诚信的研究始于企业频繁爆出诚信缺失事件后。部分学者认为企业诚信受其所处的内外部环境影响，是诸多因素综合影响下的共同结果，具有时段性、延续性、欺骗性、主观倾向性以及目的性等特点。王书玲等（2010）认为，狭义的企业诚信是谋略化了的企业运营道德水平的静态描述；而广义的企业诚信是企业谋取公众信任、并不断提升公众信任水平的过程。还有学者认为诚信作为一个多维度的概念，既是道德规范又是隐性的社会契约，是企业契约关系得以正常维持的基本道德规范，是对顾客、职工、同行、社会履行市场契约的一种体现为责任心的理性精神。随着研究的不断深入，对企业诚信概念的理解也在不断地深入与扩展，王辉（2010）认为，诚信是以利润最大化为宗旨的内在目的性和履行契约为基本的外在工具性的统一。

基于上述对于企业诚信的研究，国内学者对旅游企业诚信的概念进行了探讨。国内最早对旅游企业诚信问题的研究始于俞静对旅行社信誉评级的思考，她提出要从履约意愿、履约能力和履约质量等方面来评估旅行社的信誉等级，从旅游企业诚信建设现状探究旅游企业诚信问题的研究具有一定的开拓意义。张欣建和吴国清（2006）认为，旅游诚信从社会学角度来看是旅游业作为行业主体在实践中“践行”权利与责任的状态和履约程度；从伦理学角度来看是一种道德人格和自律机制，是社会组织、民众及媒体等对其行为表现的主观评价和判断。还有学者认为旅游企业诚信即为旅游企业信用，是社会对旅游企业履行符合当事人利益承诺的可能性的稳定预期，它取决于企业的履约能力和履约意愿。颜澄（2010）则认为旅游企业诚信是旅游企业作为经济主体，为达到经营目的而在旅游经营活动过程中既不自欺，也不欺他的理念和行为。张文静和张宏梅（2014）认为诚信意味着每个旅游市场主体在其管理经营或消费活动中诚实守法、信守合同，且诚信与服务质量密切相关、相互影响。

分析以上定义，虽表述侧重不同，但无不强调旅游企业对旅游承诺的信守与履行。旅游承诺一般被默认为旅游合同，但笔者认为，除了书面签订的合同，诚信主体还应该顺从民法中的“公序良俗”，即符合社会公共普遍秩序和善良风俗的要求，不违反国家公共秩序和社会公共道德准则。这些隐形的公德与风俗应该也是诚信必不可少的构成要素。此外，以上学者还指出旅游企业诚信状况与企业的履约意愿、履约能力和履约结果密切联系。笔者认为，“履行约定”中的“约”必然直接或间接地涉及并影响着不同的利益相关者，如游客、合作企业、政府、员工、当地社区等。因此，综合以上定义，旅游企业诚信的内涵是指：旅游企业［旅行社、饭店、旅游汽车公司、旅游景区（点）等］作为经济主体，在开展生产经营活动及其他相关活动时，对其利益相关者（游客、合作企业、政府、员工、当地社区等）秉承诚实无欺、信守承诺的理念，尊重公序良俗，兑现承诺的行为与结果的综合。

二、旅游企业诚信建设的意义

（一）信用是旅游企业经营的前提

信用是市场经济开展的前提，没有信用为基础，一切经济活动也就无从开展。信用之于企业经营，不可或缺，是旅游企业立足市场的基础和前提。

（二）信用是旅游企业降低成本，增强竞争力的保障

加强旅游企业诚信体系建设，能够减少企业在经济活动中的交易成本，降低经营风险，提高企业销售收入，在自由、无序和残酷的市场竞争中保持强劲的竞争活力，进而推进旅游企业持续稳定地健康发展。

（三）信用是旅游企业品牌与形象建设的支撑

在日益激烈的市场竞争中，品牌竞争已日益成为现代竞争的重点。信誉是品

牌的重要组成部分，是信用的符号与载体。良好的信誉和质量是良好品牌的基础与支撑。诚实守信是企业的无形资产，有助于品牌效应的发挥。通过实践得知，培育和弘扬企业精神，建设旅游企业诚信体系，是塑造旅游企业形象，提升旅游企业品牌影响力的有效途径。

三、旅游企业诚信缺失的现状与原因分析

（一）旅游企业诚信缺失的企业分布与主要表现

旅游企业是具有行业特殊性的企业类型，受其行业特点与当前我国整体诚信建设的现状影响，目前我国旅游企业的诚信问题比较突出。诚信的缺失直接导致旅游投诉数量的增加，根据国家旅游局统计，"3.15" 投诉平台 2015 年全年共收到有效投诉 1467 条，较 2014 年增长了 36.6%，全年回复率为 57.6%，较 2014 年增长了 6 个百分点。其中云南、北京、广东的投诉数量居全国前三名，针对在线旅游企业的投诉量达 50%，携程旅行网、去哪儿网、同程旅游投诉数量居在线旅游企业前三甲。数据显示，2015 年旅游投诉集中在旅行社（41.9%）、景区（15.6%）、酒店（14.5%）、航空（12.3%）导游（9.5%）和交通（6.2%）六个领域，如图 8-1 所示：

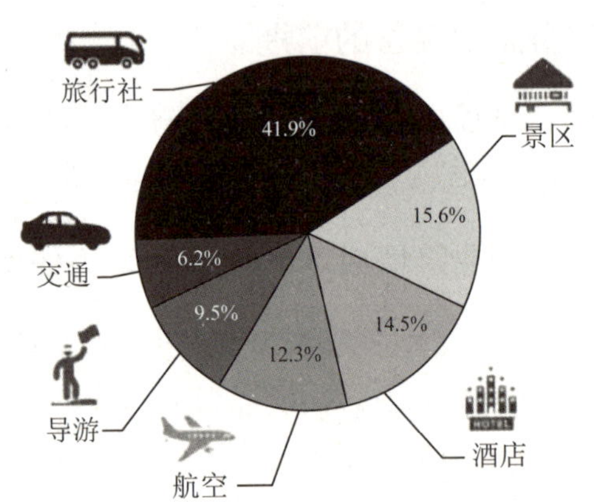

图 8-1　2015 年旅游投诉分布图

从投诉内容来看，服务质量、产品质量、旅游合同、售后服务是投诉的主要方面，导游强迫诱导购物、服务态度差和航班酒店订单差错等与2014年相同，仍是投诉的重灾区。其中旅游企业诚信缺失问题是直接导致投诉量上升的重要原因。我国旅游企业的失信行为极大地影响了旅游者对旅游企业的信任，旅游企业诚信缺失问题已经成为影响我国旅游业声誉、阻碍旅游业健康发展的严重障碍。

不少学者对旅游企业诚信缺失的主要表现进行了进一步实际调研。调查表明价格欺诈、合同条款模糊、虚假旅游广告等行为是旅游企业不诚信的主要表现。针对诚信缺失最严重的旅行社业，张文静等（2013）以安徽省旅行社从业人员为研究对象，通过“重要性—绩效”分析指出居于前5位的不诚信行为：零负团费、恶意拖欠款、低价竞争和散布虚假消息、保险公司推诿责任、地接社/景点/酒店违反合同约定的服务标准。旅游企业之间的诚信缺失主要有三种表现形式：一是违约，二是拖欠款，三是不正当竞争。旅游企业对旅游者的诚信缺失在近两年来主要表现为降低服务标准、导游未尽职责、擅自增减项目、延误变更行程等。

（二）旅游企业诚信缺失现状

1. 旅游企业对消费者的诚信缺失

其具体表现有以下几个方面：

旅游合同交易的信用缺失。利用消费者对旅游信息的不了解制造不平等的合同，从而降低服务质量，消费者的合法权益无法得到保障。

合同违约与欺诈。随意涨价、降低服务档次与标准以及强制消费行为都是目前较为普遍的现象。

服务质量信用缺失。具体表现有游览秩序混乱、环境卫生质量欠佳以及服务提供的随意性大等现象。

旅游广告促销信用缺失。具体表现为广告用语不规范，与实际相差很大，损害了旅游目的地在游客心目中的形象。

2. 旅游企业之间的诚信缺失

旅游企业之间的诚信缺失破坏了市场正常的经济秩序，阻碍了旅游企业之间的合作与发展。具体表现为：不正当竞争，大打价格战。低廉的价格虽然可以吸引到更多的客户，但整个旅游行业的利润也会大大下降，另外，也势必会使得旅游的相关服务大打折扣，消费者和旅游企业最终都是受害者。

（三）导致诚信缺失现象的原因

1. 旅游立法相对滞后

《中华人民共和国旅游法》（以下简称《旅游法》）已于2013年10月1日起正式施行，这对于之前一直没有一部完善的综合性旅游基本法的我国旅游产业来说，无疑是一个利好的消息。但在《旅游法》正式出台之前，立法的相对滞后是造成我国旅游企业诚信缺失的制度原因。

2. 消费者低价偏好诱发旅行社劣质采购

从旅游消费偏好角度来讲，我国旅游者更青睐于成本低的产品。旅游服务产品的成本主要包括时间、金钱和情绪，其中金钱是最主要的因素。加之旅游产品为体验型消费，旅游者很难通过旅游企业的广告营销判别产品质量，因此直观的价格变成了人们选择旅游产品的主要依据。

旅游者的消费心态使得旅游企业在残酷的竞争中不得不杀价竞争，尤其是对旅行社来讲，问题更为严重。旅行社为了降低成本，必然会进行低价采购，住宿、餐饮、交通、游览都会相应地降低质量，与其说旅行社的利润来自于批量采购，不如说来自于劣质采购。最终，旅行社自然不可能自己消化“零团费”“负团费”带来的利润损失，必然会将其转嫁到导游和旅游者身上。

3. 导游服务薪酬制度不合理

导游的薪酬主要由三部分组成：基本工资、导服和回扣。从行业发展来看，越是旅游业发达的地方，导游基本工资的比例就越低，甚至缺失，而回扣比例越高。旅行社由于自身不给导游员报酬，因此就要为替他工作的导游提供生存的可能，留出利益空间，于是就形成了这样一个行业潜规则——导游可以收取各类回扣。迫于生存的压力，导游不得不把精力集中在与商家串谋欺客宰客上。

4. 信息不对称

旅游市场中的信息不对称往往表现在三个方面：一是旅行社与旅游者之间的信息不对称。旅游是一种异地消费，正是由于旅游者对于异地的“吃、住、行、游、购、娱”完全不了解，而旅行社却掌握了旅游产品各方面的详细信息，人们才会参加旅游团。换言之，旅游产品买者与卖者之间的信息不对称，是旅行社存在的前提。但是反过来说，这种信息不对称也为旅行社利用旅游者的无知来进行恶意诱导、虚假宣传提供了机会。二是导游与旅游者之间的信息不对称。导游通常利用旅游者不了解旅游计划等信息，更改旅游项目，诱导旅游者购物和游览自费景点。三是旅游企业之间信息不对称。旅游业作为一个综合性强的产业，每一次旅游活动都离不开旅游企业之间的合作。由于涉及多个行业，旅游企业之间无法了解彼此的信用状况，不利于它们之间的甄别选择。

5. 信用监管体系不完善

虽然我国法律中都有诚实守信的法律原则，也有对诈骗等犯罪行为的处罚规定，但并不足以对社会的各种失信行为构成有力的法律约束，针对信用方面的立法仍然比较滞后，另外，政府对信用市场的监管也比较薄弱。

四、旅游企业诚信建设的对策

（一）加强监管，完善诚信立法，从宏观上营造良好的诚信风气

1. 诚信与立法的完善

2013 年 10 月 1 日起正式施行的《中华人民共和国旅游法》为旅游产业的发展提供了法律范畴的保障，明确了市场交易中各主体的法律关系，分清了市场主体的权利与义务，明确了产权与责任，之于旅游产业出现的诚信缺失现象，做到了有法可依、有法可循，这是旅游企业诚信体系建设的法律与制度保障。

2. 从宏观上营造良好的社会信用氛围，加强信用监管

无论是个人诚信问题，还是企业诚信问题，都属于社会性问题的范畴。因此，政府部门要扮演好引导者与监督者的角色。一方面，在社会范围内积极宣传诚信经营知识，并树立诚信经营的旅游企业典型，大力弘扬诚信经营理念，营造良好的社会风气；另一方面，要不断完善监督机制，保障对旅游企业的诚信管理，制度与行动并举。建立旅游企业诚信电子档案信息库，定期向社会进行公示，对失信企业视情节进行警告或处罚。使各类旅行社之间信息畅通，既有利于旅游企业之间甄别优劣选择盟友，又便于消费者选择信得过的旅行社。

（二）倡导行业自律，从微观上加强诚信体系建设

1. 从旅游企业自身出发，将诚信体系建设作为企业文化建设的重要内容

诚信之于企业，是一种特殊的企业文化，是企业形象与声誉的保障，是企业保持核心竞争力的内容之一。因此，企业应树立以诚信为本的行为准则与价值理念，在追求自身利益的同时，不得损害社会及他人的利益，将诚信观灌输到旅游服务的各个环节以及企业的经营活动中去，推进企业诚信体系的建设，实现企业利益与信誉的双赢。

2. 基于旅游企业诚信体系的文化建设

推进旅游企业内部监督、奖惩等信用管理制度的建立和完善。便要切实将这些制度予以落实，将诚信与道德品质作为企业员工评估的一项重要指标纳入到绩效评估之中，赏罚分明。

3. 加强道德建设，提高旅游行业的诚信意识

行业的发展取决于其从业人员的综合素质，而诚信水平则是衡量从业人员素质的重要指标之一。我国旅游业的健康持续发展，有赖于全行业人员的诚信建设。诚信问题归根到底是一个道德问题，诚信在本质上反映了经营者的道德行为与道德品质。从某种意义上讲，道德约束比法律约束的范围更广、约束效果更佳。因此，要把强化诚信意识作为社会主义道德建设的重要内容，使旅游经营者和旅游从业人员明白市场经济既是法制经济，也是诚信经济和道德经济，没有诚信就没有市场秩序，旅游业就不能健康发展。

4. 应充分发挥旅游行业协会监督与沟通协调的作用

旅游行业协会首先应扮演好政府与企业沟通桥梁的角色，加强旅游企业之间的交流与从业人员的指导培训，加强自我管理、监督与约束，促进旅游企业诚信守法，促进行业自律，促进旅游企业诚信体系的建设。其次，行业协会需制定“行规行法”等自律公约，建立行业内信息通报制度，实现行业监督管理。比如，行业协会应领衔建立行业征信机制，包括面向旅游者征集的质量诚信信息、向旅行社同业征集的协作诚信信息和从金融机构获得的资信能力信息。

综上所述，旅游企业应以诚信作为企业经济的行为准则，以信为本，树立良好的诚信形象，只有这样，才能为和谐旅游奠定坚实的基础，才能在激烈的市场竞争中立于不败之地，才能促进企业持续稳定地健康发展。

参考文献

［1］邹统钎，旅游危机管理［M］.北京：北京大学出版社，2005.

［2］谷慧敏，旅游危机管理研究［M］.天津：南开大学出版社，2007.

［3］李锋，目的地旅游危机管理——机制、评估与控制［M］.北京：中国经济出版社，2010.

［4］刘德艳，旅游危机管理［M］，上海：上海人民出版社，2010.

［5］王九玲，基于旅游者危机感知的旅游目的地危机管理研究——以新疆旅游区为例［D］.乌鲁木齐：新疆师范大学，2012.

［6］沈和江，陈淑荣.旅游业危机管理的内涵、模式与动因分析［J］.河北师范大学学报（哲学社会科学版），2006（6）：49–55.

［7］罗冰清.旅游危机生命周期初探［J］.南昌学院学报（自然科学版），2006（3）：118–119.

［8］侯国林.旅游危机：类型、影响机制与管理模型［J］.南开管理论坛，2005（1）：78–82.

［9］朱静.论旅游危机营销管路系统的构建［J］.学术论坛，2008（3）：143–147.

［10］李九全，李开宇，张艳芳.旅游危机事件与旅游业危机管理［J］.人文地理，2003（6）：39.

［11］刘睿，李星明.四川旅游震后响应的实证研究［J］.旅游学刊，2009（11）：25–29.

［12］沈和江.旅游业危机管理的系统结构和实施路径研究［J］.石家庄学院学报，2005（6）：75–80.

［13］邓冰，吴必虎，蔡利平.国内外旅游业危机管理研究综述［J］.旅游科学，2004（1）.

［14］付业勤.旅游危机事件网络舆情研究：构成、机理与管控［D］.泉州：华侨大学博士学位论文，2014.

［15］刘丽，陆林，陈浩.基于目的地形象理论的旅游危机管理———以中

国四川地震为例［J］.旅游学刊，2009，24（10）：26－31.

［16］沈和江，陈淑荣.旅游业危机管理的内涵、模式与动因分析［J］.河北师范大学学报（哲学社会科学版），2006（6）：49–55.

［17］张明，杨俊霞.基于动态过程的饭店企业危机管理系统的构建［J］.北京第二外国语学院学报，2009（3）：70–78.

［18］李锋.旅游目的地危机事件的影响评估新考量［J］.旅游科学，2008（3）：24–26.

［19］宋洪波.基于旅游者认知分析的旅游目的地危机管理机制构建研究［D］. 上海：上海师范大学，2005.

［20］李伟. 旅游危机管理模式研究进展［J］. 商，2014（17）：13.

［21］罗育斌. 陕西省旅游危机管理研究［D］. 西安：西安科技大学，2009.

［22］张博. 危机事件下的城市旅游应对体系建设研究［D］. 无锡：江南大学，2008.

［23］裴理. 旅游学术思想流派研究综述［J］. 旅游纵览月刊，2016（3）.

［24］刘袭.媒体应积极疏导公众情绪［J］.新闻战线，2008（11）：12–14.

［25］王天铮.自媒体时代法制事件的舆论形成模式及疏导策略［J］.中州学刊，2012（7）：208–210.

［26］窦开龙.国外典型旅游危机管理模式及对我国民族旅游发展的启示［J］. 经济问题探索，2013（2）：121–124.

［27］王格婷，屈永健.秦岭野生动物园游客安全意识现状调查与对策.［J］农村经济与科技，2014（25）：76–78.

［28］岑乔，黄英. 山地景区旅游安全感知与态度研究［J］.技术与市场，2011（6）：347–350.

［29］德克・格莱泽. 旅游业危机管理［M］. 安辉，译.北京：中国旅游出版社，2004.

［30］李锋，孙根年.旅游目的地灾害事件的影响机理研究［J］.灾害学，2007，3（22）：134–138.

［31］谢彦君.基础旅游学［M］北京.中国旅游出版社，2002.

［32］王欣.国外主题公园发展经验对我国主题公园发展的启示［D］.辽宁：辽宁师范大学，2014.

［33］辛欣，陈楠.基于IPA方法的文化主题公园旅游项目优化研究［J］.资源科学，2013，35（2）：321-331.

［34］葛红丽.基于游客体验的主题公园品牌塑造研究［D］.山东：山东大学，2009.

［35］王宁，陈兰，赵海湖.旅行社经营管理［M］.北京：清华大学出版社，2015.

［36］李天元.旅行学概论［M］.天津：南开大学出版社，2015.

［37］邱暾.旅行社行业危机管理问题研究［D］.沈阳：东北大学，2004.

［38］戴卫东、周倩影. 我国旅行社业人力资源开发与管理现状研究［J］.中国市场，2012（2）.

［39］陈甜甜，王建喜.旅行社危机管理初探［J］.黑龙江史志，2009（22）.

［40］张进姝.旅行社危机分析及应对措施［D］.平遥：山西省平遥县职业中学，2012.

［41］何小怡.浅析旅行社的危机管理［J］.贵州民族学院学报，2007-5-12（5）.

［42］刘毅. 网络舆情研究概论［M］. 天津：天津人民出版社，2007.

［43］曾润喜，徐晓林. 网络舆情突发事件预警系统、指标与机制［J］.情报杂志，2009（11）：52-54.

［44］周建华. 如法时间舆论引导策略［M］. 北京：中共中央党校出版社，2009.

［45］人民网舆情监测室. 人民舆情频道案例库［EB/OL］.http：//yq.people.com.cn.

［46］戴金光. 基于网络文本内容分析的重大事件意义研究——以2011西安世界园艺博会为例［J］. 图书情报工作，2012，56（8）：18-25.

［47］张紫玲.论旅游危机事件网络舆情的管理［J］.太原师范学院学报，2016（5）.

［48］黄绍梅.自媒体时代旅游目的地危机管理研究［J］.旅游管理研究，

2016（8）.

［49］毛峰.新媒体时代旅游网络舆情传播与管理［J］.吉林工商学院学报，2016（4）.

［50］黄妍.新媒体时代旅游城市危机传播管理机制研究［J］今传媒，2015.

［51］秦建成.危机事件对旅游业的影响及其对策研究［J］新疆师范大学，2011.

［52］陈力丹.舆论学——舆论导向研究［M］.中国广播电视出版社，1999.

［53］吴昌南.试论旅游业危机管理机制的建立［J］.社会科学家.2003（4）.

［54］张建.旅游危机的诱因及对策初步研究［J］.淮阴工学院学报，2004（4）.

［55］付业勤，陈雪钧，曹娜，等. 基于游客感知的海南旅游网络舆情危机管理与形象修复研究［J］南方论刊，2016（5）：45–48.

［56］曹毅.网络舆情危机管理问题与对策［M］. 武汉：湖北大学，2012.

［57］郑鲲.出租车宰客多收6毛钱 丹东运管处严查［J］.民心，2014（2）：36.

［58］洪尚群，刘跃进，吴瑛. 开发新“打的”方式促进出租车业发展［J］.交通企业管理，2010，25（7）：12–13.

［59］裘爱红. 杭州出租汽车投诉网络系统的开发和利用［J］.浙江交通科技，2001（4）：48–49.

［60］查爱平，邱洁威.西塘古镇发展的问题及对策［N］.中国旅游学报.2007–08–07.

［61］李倩，吴小根.古镇旅游开发及商业化现象初探［J］.旅游学刊，2006（12）：55–56.

［62］王林. “原真性”民俗文化之于古镇旅游的价值——以广西大圩古镇为例［J］. 青海民族研究，2008，19（1）：40–43.

［63］张慧玲. 政府主导视域下古镇旅游业发展路径探究——以西塘为例［J］. 管理学家，2014（14）.

［64］殷亚平，高飞. 古镇人文旅游现状问题和对策——以西塘古镇为例［J］. 南方建筑，2012（6）：71-73.

［65］王洪兵. 西塘古镇旅游可持续发展研究［D］. 上海：上海交通大学，2014.

［66］潘雅芳. 以特质文化创新西塘古镇游［J］. 浙江经济，2013（8）.

［67］吕丽辉，陈瑛. 我国文化遗产地游客满意度的实证研究——以西塘古镇为例［J］. 生产力研究，2016（9）.

［68］刘益.大型风景旅游区旅游环境容量测算方法的再探讨［J］.旅游学刊，2004（6）.

［69］曾琳.旅游环境承载力预警系统的构建及其分析［J］，燕山大学学报，2006（5）：463-467.

［70］黄瑞华，李书剑.旅游景区容量管理新举措——以四川九寨沟景区为例［J］.太原大学学报，2007（1）.

［71］崔凤军，刘家明. 旅游环境承载力实践及其意义［J］.地理科学进展，1995，（1）.

［72］赵鑫. 浅析我国旅游景区容量管理的发展现状及举措［J］.漯河职业技术学院学报，2014（7）.

［73］姚宏.我国世界文化遗产地旅游成长波动与驱动因素——以平遥、曲阜与承德为例［J］.陕西师范大学学报（自然科学版），2016.

［74］许晓静.平遥中国年发展策略探讨［J］.晋中学院学报，2015.

［75］娄甜田.平遥旅游商品开发存在的问题与对策研究［J］.城市旅游规划，2014.

［76］段志风.平遥古城欧美游客旅游满意度调查研究［D］. 南宁：广西大学，2014.

［77］刘卫花.平遥古城旅游业发展中的问题及建议［J］.重庆科技学院学报（社会科学版），2012.

［78］李治巍.目的地旅游服务质量监管信息化探讨［D］. 桂林：广西师范大学，2013.

［79］屈册.旅游情境感知及其对旅游体验质量的影响研究［D］.大连：东北财经大学，2013.

[80] 智库百科.旅游服务质量.[EB/OL].http: //wiki.mbalib.com/wiki/, 2016-11-04.

[81] 李向娟.蒙羞的何止是台湾旅游形象? [N].福建日报，2016-7-25 (6).

[82] 王天琪.台湾旅游大巴火灾系司机纵火 [N] . 北京青年报，2016-9-11 (A06).

[83] 邱团长. 终于弄清，为什么大陆游客在台旅游出事这么多 [EB/OL] . http: //www. guancha. cn/QiuTuanZhang/2016_07_20_368198. shtml, 2016-7-20.

[84] 孙志明.对危机概念和危机属性的哲学思考 [J]. 国际关系学院学报，2012 (2) : 25-35.

[85] 萧统. 文选 [Z].上海: 上海书店出版社，1998.

[86] 舒伯阳、何彪.从非典事件看中国旅游业的危机管理 [N].中国旅游报，2003-5.

[87] 世界旅游组织.旅游危机管理指南 [J].中国旅游电子论坛，2003.

[88] 黄瑾. 论旅游危机管理机制的建立 [J].社会科学家，2003 (102) : 76-84

[89] 陈志军、杨洪. 从国际视角看新世纪中国政府旅游危机管理 [J]. 湖南工程学院学报 (社会科学版)，2011 (2) : 9-15.

[90] 塞缪尔·亨廷顿. 社会变革中的政治秩序 [M].李盛平，等，译. 北京: 华夏出版社，1988.

[91] 岳杨.关于旅游危机恢复管理的研究 [J].旅游纵览 (下半月)，2014 (8).

[92] 邱萍，周媛媛.汶川地震灾后旅游业复苏及危机管理研究 [J].四川烹饪高等专科学校学报，2009 (9).

[93] 唐菲.青海玉树地震灾后旅游重建思考 [J].经营管理者，2010 (12).

[94] 李宜聪，张捷，刘泽华，等.自然灾害型危机事件后国内旅游客源市场恢复研究——以九寨沟景区为例 [J].旅游学刊，2016 (6).

[95] 成文浩.重大自然灾害对区域经济的影响——以玉树地震为例 [J].

科技信息，2010（11）.

［96］董晓梅.旅游危机恢复管理探析——以曲靖市会泽县为例［J］.现代商贸工业，2011（3）：43–44.

［97］方叶林. 基于黑色旅游视角的玉树灾后重建新思路［J］. 河北旅游职业学院学报，2010（9）.

［98］张荣刚.灾后重建的文化要素与文化旅游业发展——结合青海玉树建设［J］. 青海社会科学，2010（5）.

［99］李敏，张捷，罗浩，等.基于旅游动机的旅游业灾后恢复重建研究——以“5・12”汶川地震后的九寨沟为例［J］.旅游学刊，2012（1）.

［100］李静.我国旅游业的政府危机管理体系构建[D]. 北京: 北京林业大学, 2012.

［101］秦亿晶.新疆旅游安全与突发事件危机管理研究［D］. 乌鲁木齐：新疆大学，2012.

［102］何静.政府主导下的旅游危机管理研究［D］. 秦皇岛：燕山大学，2014.

［103］杜宗斌.我国旅游企业的危机管理问题探讨［J］.企业经济.2005（2）

［104］江东权.试论我国旅游企业的危机意识和风险管理［J］.经济师.2004（9）

［105］孙春华.浅谈旅游业的脆弱性及其规避途径［J］.北京第二外国语学院学报.2003（5）

［106］乌杰.浅谈旅游危机管理机制的构建策略［J］.科技资讯，2008，1：197.

［107］田敏.大地震后旅游危机应对的思考——基于政府层面的探讨［J］.特区经济，2008（11）.

［108］方晓勤.我国旅游危机管理应对机制建设初探［J］.旅游管理研究，2014，13：29–30.

［109］赵蜀蓉，张红.震后四川旅游危机管理中的政府角色定位［J］.中国行政管理，2010，6：119–121.

［110］李强.旅游业中政府风险管理机制研究［D］. 济南：山东大学，

2010.

［111］董向东，杜芳.论恐怖事件危机管理体制和机制的建构——以波士顿马拉松爆炸案与“10·28”暴力恐怖袭击案为例［J］.公安教育，2014（4）：43–48.

［112］刘嫱.旅游危机中政府风险管理的研究［J］.吉林工商学院报，2016，32（1）：112–114.

［113］窦开龙.国外典型旅游危机管理模式及对我国民族旅游发展的启示［J］.经济问题探究，2013（2）：121–124.

［114］邵冬梅.我国目的地政府的旅游危机营销研究[D]. 成都: 电子科技大学, 2007.

［115］姚延波，张丹，何蕾. 旅游企业诚信概念及其结构维度［J］.市场营销与服务管理，2014（17）：113–122.

［116］宝贡敏, 周明建, 谢凤华.企业诚信的概念与内涵[J].技术经济, 2004(11): 35–37.

［117］王书玲，郜振廷.企业诚信内涵解析——兼论相关概念关系［J］.中国商贸，2010（12）：222–223.

［118］肖荣智.企业诚信与诚信企业[J].产业与科技论坛, 2009, 8(6): 228–229.

［119］俞静.关于对旅行社进行信誉评级的思考［J］.旅游学刊，1996（5）：7–10.

［120］张欣建，吴国清. 城市旅游诚信体系及保障措施探讨［J］. 北京第二外国语学报，2006，（5）：16–22.

［121］刘雷，吴郭泉.论旅游企业诚信［J］. 广西青年干部学院学报，2008，18（4）：70–77.

［122］颜澄.旅游企业诚信评价体系的构建［J］.现代营销，2010（11）：48–49.

［123］李彬彬，姚延波.旅游企业诚信评价研究进展及启示［J］.征信，2014（2）：61–65.

［124］金惠红，陈许红，徐春芬.旅游服务与管理的诚信评价指标体系构建研究［J］.中国管理信息化，2010（15）：54–55.

［125］王丽华，张宏胜. 旅行社诚信体系构建研究［J］. 中国软科学，2004（4）：158–160.

［126］张亚琴. 旅游企业诚信建设体系探究［J］. 职业技术专题研究，2013（10）.

［127］史玉江，唐雯，王玺. 我国旅游企业诚信建设反思［J］. 商场现代化，2008.

［128］章小平，任佩瑜，邓贵平. 论旅游景区危机管理模型的构建［J］. 财贸经济，2010，（2）：130–135.

［129］王克岭. 旅游企业安全风险管理研究［J］. 思想战线,2011,37(5):112–116.

［130］刘选林,赵红. 基于模糊层次综合评价法的新疆社会安全危机预警模型的建构［J］. 数学的实践与认识，2012，42（10）：32–37.

［131］邹永广,郑向敏. 旅游目的地游客安全感形成机理实证研究［J］. 旅游学刊，2014，29（3）：84–90.

［132］徐玖平，卢毅. 地震灾后重建系统工程的综合集成模式［J］. 系统工程理论与实践，2008，（7）：1–16.

［133］Deutsch，M. Trust and Suspicion［J］. The Journal of Conflict Resolution，1958，2（4）：265–279.

［134］Luhmann，N. Trust and Power［M］. New York：Wiley，1979.

［135］Arrow，K. The Limits of Organization［M］. New York：Norton Press，1994.

后 记

这是一个旅游业高速发展的时代，也是一个旅游危机四伏的时代。为了顺应这样的时代潮流，笔者所教授的《旅游危机管理》课程，采用“分段式模块项目化课程教学”和“分组分工自主研究型学习”教学模式，尝试组织师生共同探讨新课题，实施“真题实做”，深入开展“旅游危机”研究，争取高质量的教育教学产出。

本书是浙江外国语学院2013级本科旅游管理专业有关同学集体智慧的结晶，在42篇《旅游危机管理》课程论文基础上，精心加工整理而成。本书共分为八章，通过研究综述、模型分析、案例分析等方式，从不同角度对旅游危机管理的应用进行了全面阐述。尹钶莹、杨铮同志为书稿整理和文字勘误做了大量工作，中国旅游出版社段向民老师为本书编辑出版给予了关爱和支持，谨此致谢！

时代在不断进步，对旅游危机管理的研究也应与时俱进，还有许许多多的问题等着我们去发现和解决，许许多多的工作需要我们去努力。限于水平和时间，本书中的错误和疏漏还望各位专家和读者不吝赐教，以便我们共同推进旅游危机管理研究不断向前发展。

张维西

2017年6月25日

项目策划：段向民
责任编辑：孙妍峰
责任印制：谢　雨
封面设计：何　杰

图书在版编目（CIP）数据

旅游危机管理 / 张跃西编著．—北京：中国旅游出版社，2017.11

ISBN 978-7-5032-5924-1

Ⅰ．①旅…　Ⅱ．①张…　Ⅲ．①旅游业—企业管理—风险管理—中国　Ⅳ．① F592.3

中国版本图书馆 CIP 数据核字 (2017) 第 261549 号

书　　名：旅游危机管理

作　　者：张跃西编著
出版发行：中国旅游出版社
（北京建国门内大街甲9号　邮编：100005）
http://www.cttp.net.cn　E-mail:cttp@cnta.gov.cn
营销中心电话：010-85166503
排　　版：北京旅教文化传播有限公司
经　　销：全国各地新华书店
印　　刷：北京工商事务印刷有限公司
版　　次：2017年11月第1版　2017年11月第1次印刷
开　　本：720毫米×970毫米　1/16
印　　张：9.5
字　　数：158千
定　　价：36.80元
I S B N　978-7-5032-5924-1